100 SUPERGENIALE KLOROLLEN IDEEN

PIA DEGES

100 SUPERGENIALE KLOROLLEN IDEEN

INHALT

SPIEL, SPASS UND ACTION 38

CLEVERE HACKS UND FIXE IDEEN 72

LIEBEVOLLE GESCHENKE FÜR BESTE FREUNDE 90

BASICS FÜR DIE BASTELBOX

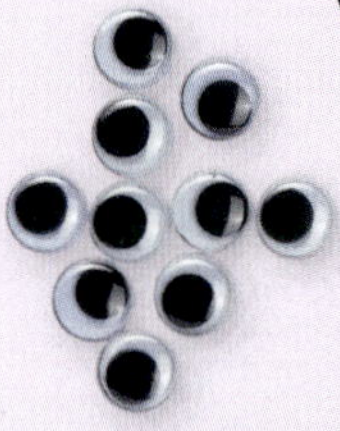

Viele Klorollenfiguren haben lustige Gesichter. Dafür findest du hinten im Buch Vorlagen, die du abmalen, abpausen oder auf dein Tonpapier mit einem Kugelschreiber durchdrücken kannst. Ratzfatz-Gesichter machst du am besten mit WACKELAUGEN zum Aufkleben.

Niedliche kleine Details geben einer Bastelei erst den richtigen Schliff. Glitzersticker, kleine Klebeperlen und bunte POMPONS sollten daher in deiner Bastelkiste nicht fehlen.

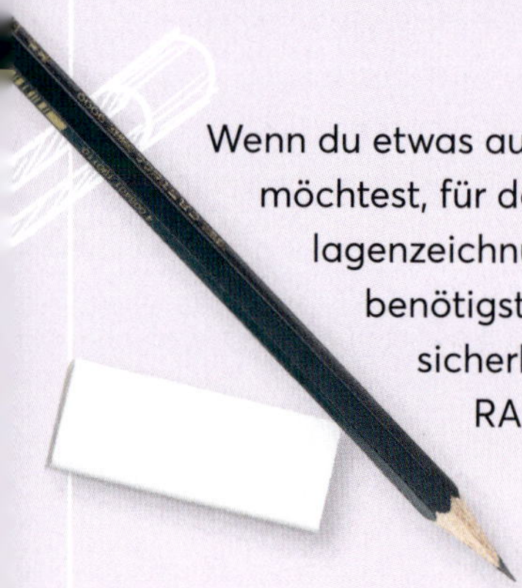

Wenn du etwas ausmessen und anzeichnen möchtest, für das Übertragen von Vorlagenzeichnungen oder Umrisslinien benötigst du einen BLEISTIFT und sicherheitshalber auch einen RADIERGUMMI.

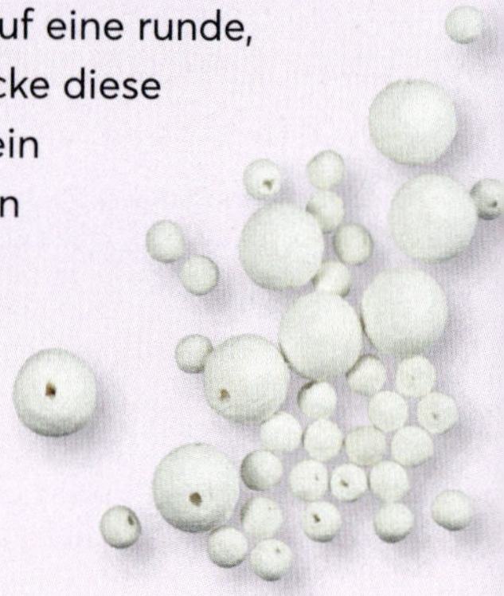

Manchmal malst du ein Gesicht nicht direkt auf die Klorolle sondern auf eine runde, weiße WATTEKUGEL. Stecke diese während des Malens auf ein Schaschlikspießchen, dann fasst du nicht in die nasse Farbe und kannst die Kugel ganz einfach drehen.

Oft ummantelst du deine Klorolle mit buntem Papier. Das nennt sich TONPAPIER und ist in allen Farben des Regenbogens im Bastelfachgeschäft zu bekommen. Festes Buntpapier nennt man Tonkarton. Zum Zuschneiden verwendest du eine SCHERE. Einen Cutter darf nur ein Erwachsener benutzen!

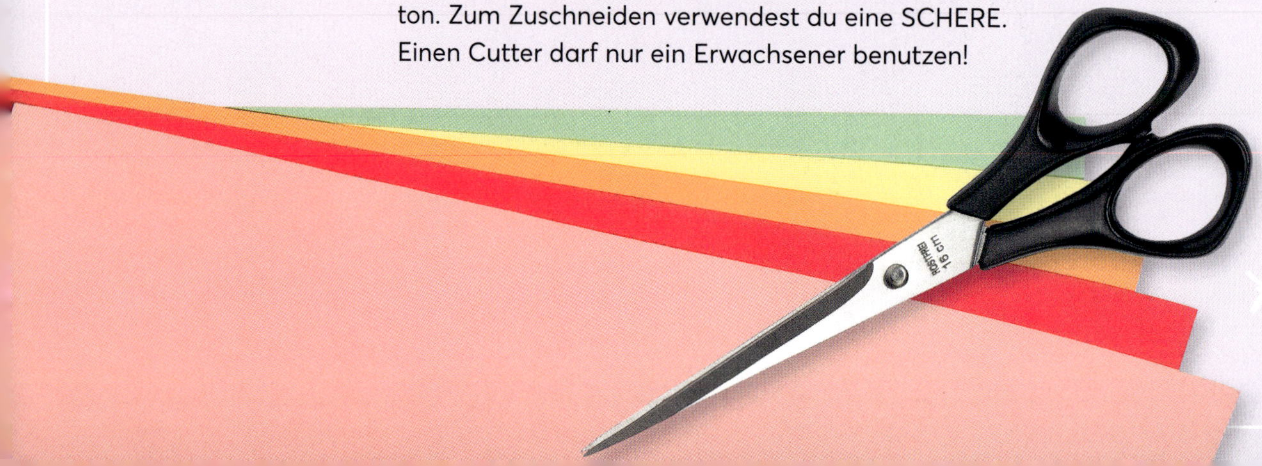

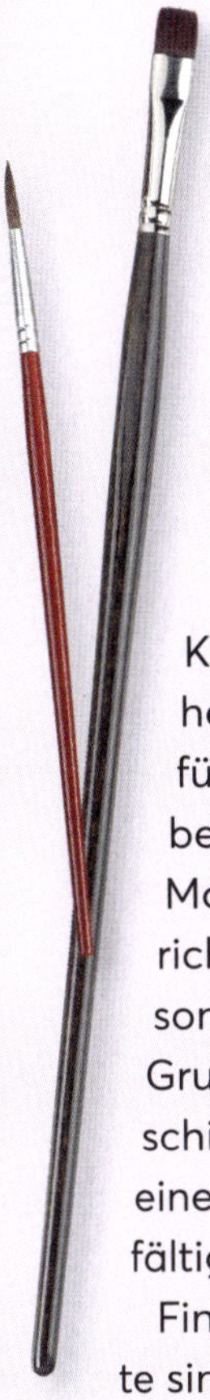

Klorollen kann man herrlich bemalen. Dafür eignet sich ACRYLFARBE besonders gut. Manchmal benötigt ein Modell mehrere Anstriche bis die Farbe richtig deckt. Die Farben leuchten besonders gut, wenn die erste Schicht, die Grundierung, weiß ist. Lass jede Farbschicht gut trocknen. Trage die Farbe mit einem PINSEL auf, den du am Ende sorgfältig auswäschst.

Fingerfarbe, Wasserfarben oder Buntstifte sind für die offenporigen Klorollen nicht ideal.

Damit sich das Papier der Klorolle nicht wellt, benötigst du einen Kleber, der Lösungsmittel enthält. Kleister eignet sich also nicht besonders. Gut ist beispielsweise UHU Stic, also ein KLEBESTIFT, oder UHU Alleskleber Kraft, ein starker FLÜSSIGKLEBER. Sollte einmal HEISSKLEBER benötigt werden, dann brauchst du unbedingt einen erwachsenen Assistenten!

TIPP

Liebe Eltern, decken Sie den Bastelbereich mit einer Wachstischdecke ab und ziehen Sie dem kleinen Bastler einen Malerkittel an. Helfen Sie, wo es nötig ist, aber akzeptieren Sie auch Bastelvarianten, die nur Ihr Kind schön findet. Das mindert den Leistungsdruck und erhöht den Spaß an der gemeinsamen Kreativzeit.

In diesem Buch wird nicht nur gebastelt, du darfst auch experimentieren! Dazu benötigst du nur haushaltsübliche Stoffe. Bitte frage davor deine Eltern, ob du sie verwenden darfst und decke die Experimentierfläche gut ab. Beispielsweise mit einem Tablett, das einen hohen Rand hat. Natron, Backpulver oder Brausepulver verwandeln sich nämlich in herrlichen Schaum, sobald du Essig, Essigessenz oder ZITRONENSAFT darauf gibst.

AM SEITENRAND ZEIGEN DIR DIE STERNE, WIE SCHWIERIG EINE BASTELIDEE IST

- ★☆☆ Einsteigerbastelei
- ★★☆ für alle machbar
- ★★★ knifflige Könner-Idee

SÜDPOL

FRÖHLICHE VIECHER UND TOLLE TYPEN

AUF IN DEN ZOO!

MATERIAL

- 3 Klorollen
- 2 Küchenpapierrollen
- Acrylfarbe in Gelb, Braun, Grün, Hellgrün, Blau, Grau
- Fotokarton in Weiß, A4
- Fotokarton in Hellblau, Rosa, Grau, Rot, A6
- Fineliner in Schwarz
- Schere
- Bastelkleber

Vorlagen siehe Seite 122–123

1 Für den Elefanten und das Nilpferd drückst du die Klorolle platt und schneidest einen Halbkreis für die Beine aus. Dann mit Acrylfarbe bemalen. Augen, Ohren und andere Details aus Fotokarton ausschneiden. Mit Fineliner Pupillen und Mund aufmalen und alle Teile mit Bastelkleber aufkleben.

2 Für das Krokodil und die Giraffe jeweils eine Küchenrolle platt drücken und zurechtschneiden – eine Vorlage findest du auf Seite 122. Krokodilbeine und -zacken sowie den Giraffenkopf ebenfalls aus einer Küchenrolle ausschneiden.

3 Dann klebst du alle Körperteile zusammen und bemalst sie mit Acrylfarbe. Aus weißem Fotokarton Augen und Krokodilzähne nach Vorlage ausschneiden und mit einem schwarzen Fineliner Pupillen aufmalen. Am Kopf ankleben.

4 Für die Schlange bemalst du eine Klorolle mit hellgrüner Acrylfarbe innen und außen und lässt sie gut trocknen. Dann schneidest du die Klorolle von einer Seite spitz ein und die Rolle danach im etwa gleichen Abstand (1,5 cm) auf. Zum Ende hin wirst du etwas breiter und rundest den Kopf ab. Augen und Zunge aus Fotokarton ausschneiden, Pupillen aufmalen und mit Bastelkleber ankleben.

DIE WALD-BANDE

MATERIAL

- 6 Klorollen
- Acrylfarbe in Hellbraun, Braun, Grau und Dunkelgrau
- Fotokarton in Weiß, Hellbraun, Braun, Schwarz, Grau und Rosa, A5
- 2 Äste, 10 cm lang
- Fineliner in Schwarz
- Bastelkleber
- Schere

Vorlagen siehe Seite 124

1 Bemale zwei Klorollen mit hellgrauer Acrylfarbe, eine mit dunkelgrauer, zwei mit dunkelbrauner und eine mit hellbrauner Acrylfarbe. Lass sie gut trocknen.

2 Schneide nach Vorlage die Ohren, Schwänze und Gesichter der Tiere aus Fotokarton aus. Klebe die Einzelteile für die Gesichter aufeinander.

3 Zeichne dem Waschbär und dem Igel einen Mund mit schwarzem Fineliner auf.

4 Befestige alle Teile mit Bastelkleber an der Klorolle. Die Äste für das Geweih klebst du auf der Vorderseite vom Reh innen in die Klorolle.

FAMILIE PINGUIN

MATERIAL

- 4 Klorollen
- Fotokarton in Schwarz, A4
- Acrylfarbe in Schwarz, Weiß
- Fotokartonrest in Weiß, Orange
- Bastelfilz in Hellblau, Blaugrün, Türkis, mind. 8,5 cm x 16 cm
- 2 Pompons in Türkis, ø 2 cm
- Schaschlikspieß
- Juteschnur, 7 cm lang
- Holzperle in Weiß, ø 1 cm
- Moosgummirest in Hellblau
- Bastelkleber

Vorlagen siehe Seite 125

1 Kürze zwei Klorollen um ein Drittel, sodass sie nur noch ca. 6,5 cm hoch sind. Dann bemalst du alle Klorollen mit schwarzer Acrylfarbe, den Bauch sparst du dabei aus. Gut trocknen lassen, dann die Bäuche der Pinguine in Weiß anmalen.

2 Aus dem Fotokarton die Augen, Schnäbel, Arme und Pupillen ausschneiden. Klebe die Pupillen mit Bastelkleber in die Augen und befestige alle Teile an den Klorollen.

3 Für die drei Mützen aus Bastelfilz drei 8 cm x 16 cm große Rechtecke und drei Streifen (0,5 cm x 15 cm) ausschneiden. Klebe je ein Rechteck mit der langen Seite rundum an den oberen Rand der Klorolle und knote es mit einem Streifen zu. Für den kleinen Pinguin die Mütze einfach etwas weiter unten zuknoten und den Rest Filz abschneiden.

4 Für einen Pinguin kannst du einen Ohrwärmer aus zwei Pompons und einem 0,5 cm x 10 cm breiten Filzstreifen basteln. Fixiere den Filzstreifen rechts und links oben an der Klorolle und bringe je einen Pompon an.

5 Für die Angel einen Schaschlikspieß auf 15 cm Länge kürzen, eine Juteschnur an die Spitze kleben und eine Perle darauf kleben. Die Fische nach Vorlage aus Moosgummi zuschneiden.

LAMAS MÖGEN'S BUNT

MATERIAL

- 3 Klorollen
- 2 Küchenpapierrollen
- Versandkarton, A5
- Acrylfarbe in Weiß, Rosa, verschiedenen Grüntönen
- dünne Acrylstifte in Schwarz, Weiß
- Bastelfilz in Gelb, Rosa, Grün, Blau, 20 cm x 10 cm
- ca. 30 Pompons in Bunt, ø 7 mm
- ca. 6 Pompons in Bunt, ø 1 cm
- Wollreste in Gelb, Hellgrün
- 4 Bastelhölzer, 1 cm x 12 cm
- Bastelkleber

Vorlagen siehe Seite 125

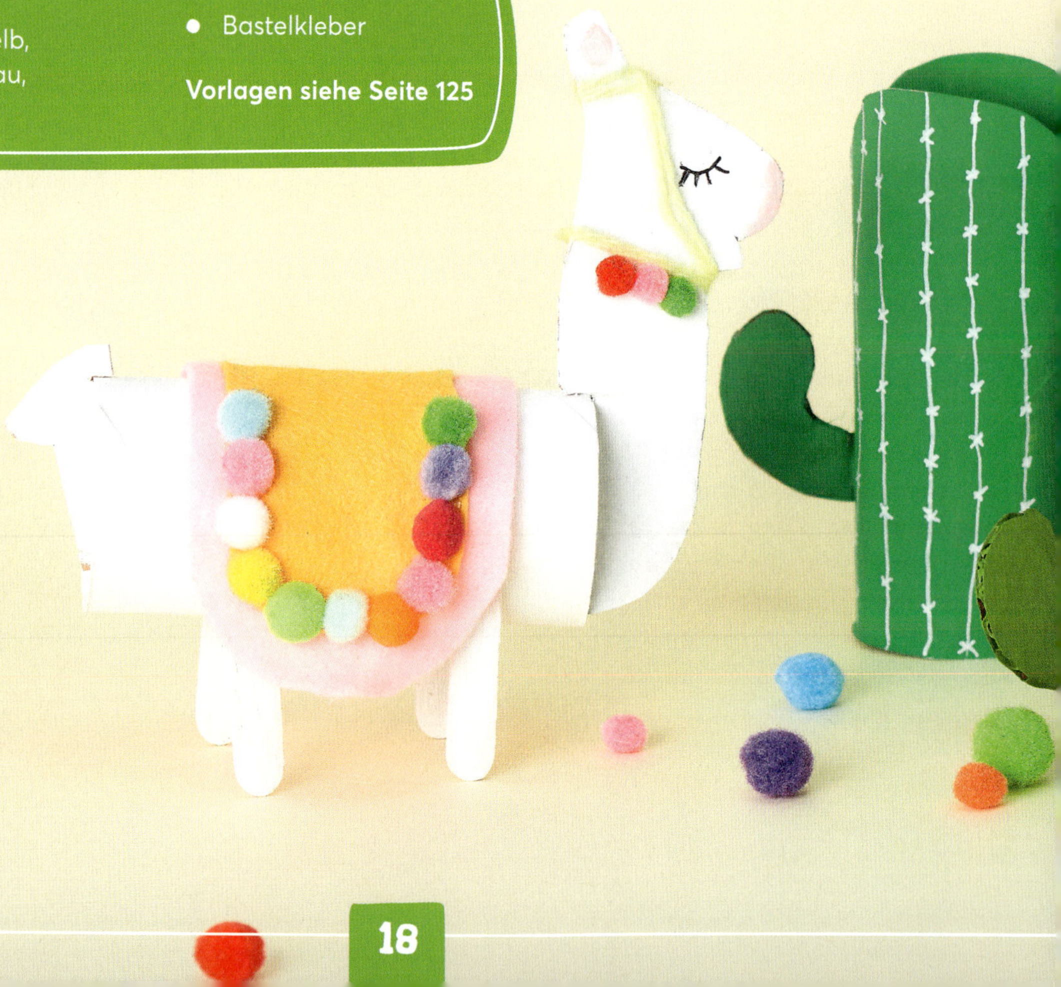

1 Die Köpfe und Hinterteile der Lamas schneidest du aus Versandkarton nach Vorlage aus. Halbiere dann die Bastelhölzer mit einer Schere und klebe jeweils zwei halbe Hölzer seitlich mit Bastelkleber an die Klorolle.

2 Bemale alle Teile mit Acrylfarbe. Mit Rosa verschönerst du Nase und Ohren. Für die Augen einen dünnen, schwarzen Acrylstift verwenden.

3 Wickle jedem Lama einen ca. 20 cm langen Wollfaden um Kopf und Ohr und verknote ihn. Schneide aus Bastelfilz nach Vorlage für jedes Lama zwei Deckenteile aus und klebe die kleinen auf die großen Teile. Die Decke mit bunten Pompons verzieren und kleine Pompons an den Hals kleben.

Dann immer einen Kopf und ein Hinterteil auf eine Klorolle stecken.

4 Für die Kakteen die letzte Klorolle und die beiden Küchenpapierrollen kürzen, jeweils an einem Ende platt drücken und abrunden. Schneide aus Versandkarton nach Vorlage die Seitenarme aus, knicke sie leicht um und klebe sie mit Bastelkleber seitlich an die Rollen an.

5 Dann bemalst du die Kakteen mit Acrylfarbe und lässt sie trocknen. Für die Details einen Acrylstift verwenden.

DIE DINOS SIND LOS!

MATERIAL

- 4 Klorollen
- Versandkarton, 70 cm x 100 cm
- Acrylfarbe in verschiedenen Grüntönen, Grau
- Fotokartonrest in Weiß
- Filzstift in Schwarz
- Schere
- Bastelkleber

Vorlagen siehe Seite 126–127

1 Schneide drei der Klorollen quer in zwei gleich große Hälften; das werden die Beine der kleinen Dinos. Von der vierten Klorolle schneidest du nur ein Drittel ab: Das ist das Bein des aufrechten Tieres. Die Dinosaurierkörper kannst du nach Vorlage aus stabilem Versandkarton ausschneiden.

2 Jetzt die Klorollen und Dinosaurierkörper mit Acrylfarbe bemalen und gut trocknen lassen. Danach kannst du weitere Details aufmalen.

3 Die Klorollenbeine jeweils einmal auf einer Seite platt drücken und an den entstandenen Faltkanten einen ca. 2 cm tiefen Einschnitt mit der Schere machen. Jetzt kannst du die Oberkörper einfach auf die Beine stecken.

4 Schneide aus Fotokarton noch Augenpaare aus, zeichne mit Filzstift Pupillen darauf und klebe die Augen mit Bastelkleber auf.

PIRAT PIT UND

PAULE PAPAGEI

1 Für Pit, den Piraten die Klorolle zunächst mit Acrylfarbe in Hautfarbe, Weiß und Schwarz bemalen. Lass alles gut trocknen und male blaue Streifen auf das Piratenhemd.

Dann schneidest du aus Fotokarton Auge, Augenklappe, Piratenhut und Totenkopf nach Vorlage aus klebst sie auf. Mit einem schwarzen Stift zeichnest du dem Piraten noch Nase, Mund und Bart auf.

2 Für Paule, den Papagei, kürzt du eine Klorolle auf eine Länge von 6,5 cm. Mit roter Acrylfarbe bemalen und trocknen lassen. Schneide Augen, Schnabel, Flügel und Krallen nach Vorlage aus und klebe sie an. Die Federn am Stiel zu einem kleinen Bündel zusammenkleben und das Federbündel vorne mittig innen in die Klorolle kleben.

3 Für die Palme wird eine Klorolle längs aufgeschnitten und leicht überlappend wieder eingerollt, sodass du ein schmales Rohr erhältst. Die überlappenden Flächen klebst du zusammen und bemalst das Rohr dann mit brauner Acrylfarbe: Das ist dein Palmenstamm.

Nun nach Vorlage acht bis neun Palmenblätter aus Tonpapier ausschneiden und seitlich schräg einschneiden. Dann kannst du die Blätter innen in den Palmenstamm kleben.

MATERIAL

- 3 Klorollen
- Acrylfarbe in Hautfarbe, Schwarz, Weiß, Hellblau, Rot, Braun
- Fotokarton in Schwarz, Weiß, Rot, Gelb, A5
- Tonpapier in Hellgrün, Grün, A4
- Bastelfedern in Gelb, Blau, Pink, Grün
- Fineliner in Schwarz
- Bastelkleber
- Schere

Vorlagen siehe Seite 128

IM ZWERGENLAND

MATERIAL

- 6 Klorollen
- Acrylfarbe in Weiß, Grün, Blau, Rosa, Rot, Braun
- Fotokarton in Rot, Hellgelb, A4
- Fotokarton in Gelb, Weiß, Rosa, Grün, Braun, Grau, A6
- Fineliner in Schwarz
- Bastelkleber
- Schere

Vorlagen siehe Seite 129

1 Bemale für die Zwerge zwei Klorollen mit weißer und blauer Acrylfarbe und lass sie trocknen. Dann die Gesichter und den Rock aufmalen.

Schneide aus Fotokarton die Details nach Vorlage aus. Forme zwei Kegel aus den Hutteilen und klebe die überlappenden Stellen zusammen. Alles an die Klorollen kleben und mit dem Fineliner Augen aufzeichnen.

2 Für das Feenhäuschen wird zuerst eine Klorolle mit Acrylfarbe bemalt. Trocknen lassen und aus Fotokarton die Details und 14 Blütenblätter nach Vorlage ausschneiden.

Klebe das Dachteil zu einem Kegel zusammen. Verdrehe ein Stück grünen Fotokarton und klebe den Blumenstiel am Dach fest. Die Blütenblätter ringsum ankleben, die grünen Blätter an den Stiel.

Male Gräser, Fenster und eine Tür auf und lass alles trocknen. Dann das Dach festkleben.

3 Für die Fliegenpilze schneidest du eine Klorolle auf ca. 6 cm Länge zu, die andere auf ca. 4 cm Länge. Bemale beide mit weißer Acrylfarbe, lass sie trocknen und male am unteren Rand Gras auf.

Aus Fotokarton zwei Pilzhüte ausschneiden, jeden zu einem flachen Kegel formen und die überlappenden Seiten zusammenkleben. Zum Schluss noch Punkte aufmalen und je einen Pilzhut auf eine Klorolle kleben.

SCHMETTERLINGS-SCHWARM

MATERIAL

- 4 Klorollen
- Acrylfarbe in Hellgrün, Rosa, Gelb, Blau
- Fotokartonreste in Orange, Grün, Gelb, Pink, Lila, Rosa, Gelb, Hellblau
- Chenilledraht in Blau, Gelb, Rosa, Grün, 25 cm lang
- 8 Holzperlen in Grün, Pink, Orange, Gelb, ø 1 cm
- Bastelkleber
- Schere

Vorlagen siehe Seite 129

1 Zuerst alle Klorollen plattdrücken und jeweils an einer Seite entlang der Faltung aufschneiden. Dann kannst du die Vorlage, die du auf Seite 129 findest, aufzeichnen und die vier Schmetterlinge ausschneiden.

2 Bemale alle Schmetterlinge mit Acrylfarbe und lass sie trocknen.

3 In der Zwischenzeit Punkte und Tropfen nach Vorlage aus Fotokarton ausschneiden und mit Bastelkleber aufkleben.

4 Einen Chenilledraht um die Mitte der Rolle biegen, die Drahtenden zeigen nach oben. Verzwirble die Enden kurz oberhalb des Schmetterlingskörpers und biege die Enden leicht nach außen um. Dann steckst du auf jedes Ende eine Perle und klebst sie fest. Alle Klorollen so in Schmetterlinge verwandeln!

DIE WELT IST BUNT

1 Für diese fröhlichen Vasen-Männchen bemalst du zunächst alle Klorollen mit Acrylfarbe in verschiedenen Hauttönen: beige, rosa, braun. Lass sie gut trocknen.

2 In der Zwischenzeit kannst du nach Vorlage aus Fotokarton die unterschiedlichen Frisuren ausschneiden. Klebe sie mit Klebestift oben um die Ränder der Klorollen.

Anschließend die Gesichtszüge mit Acrylfarbe und schwarzem Fineliner aufzeichnen.

3 Stelle in jede Klorolle eine kleine Glasvase (oder ein anderes wasserdichtes Gefäß, das hineinpasst), befülle sie mit Wasser und stelle die Blumen hinein.

MATERIAL

- 5 Klorollen
- Acrylfarbe in Beige, Rosa, verschiedenen Brauntönen
- Fotokarton in Braun, Hellbraun, Sand, Schwarz, A6
- Fineliner in Schwarz
- 5 Glasvasen, ø ca. 3,5 cm
- Blumen
- Klebestift

Vorlagen siehe Seite 128

PRINZESSIN, RITTER, FEE UND MEERJUNGFRAU

MATERIAL

- 4 Klorollen
- Acrylfarbe in Blau, Türkis, Rosa, Hellblau, Weiß
- Fotokarton in Gelb, Hellgrün, Braun, Mint, Türkis, Grau, Rosa, Weiß, Rot, Pink, A6
- Acrylstifte in Rot, Hellblau, Rosa
- Fineliner in Schwarz
- Klebestift
- Schere

Vorlagen siehe Seite 130-131

1 Für den Ritter bemalst du die Klorolle mit rosafarbener und blauer Acrylfarbe und lässt sie trocknen. Dann schneidest du aus farbigem Fotokarton nach der Vorlage auf Seite 130 Helm, Arme, Schwert und Schild aus.

Zeichne mit Feinliner und Acrylstiften die Gesichtszüge auf und klebe Arme und Ausrüstung mit Klebestift an die Klorolle.

2 Für Meerjungfrau, Prinzessin und Fee bemalst du die Klorollen jeweils zur Hälfte mit rosafarbener Acrylfarbe. Bei der Meerjungfrau wird die untere Hälfte blau, bei der Prinzessin hellblau und bei der Fee weiß angemalt. Lass alles gut trocknen.

Schneide aus Fotokarton nach Vorlage Kleider, Haare und Dekoelemente aus. Die Haare im Abstand von 2 mm einschneiden, nach oben bis ca. 1 cm vom Rand entfernt. Klebe alle Teile mit Klebestift an die Klorollen.

Zum Schluss zeichnest du mit Acrylstiften und Fineliner die Gesichtszüge auf.

SCHNEEMÄNNER MIT SCHICKEN MÜTZEN

MATERIAL

- 3 Klorollen
- Acrylfarbe in Weiß
- Fotokartonreste in Schwarz, Rosa, Orange
- Filzreste in Grau, Hellgelb
- 4 kleine Äste, ca. 10 cm lang
- Wollreste in Schwarz, Grau
- Bastelkleber
- Schere

Vorlagen siehe Seite 131

1 Drücke zwei Klorollen flach und schneide die Schneemänner nach Vorlage aus. Bemale sie mit weißer Acrylfarbe und lass sie trocknen.

2 Aus Fotokarton die Details nach Vorlage ausschneiden und mit Bastelkleber aufkleben. Die Äste seitlich rechts und links in die Klorollen kleben. Dann schneidest du aus Filzresten zwei 2,5 cm breite, 20 cm lange Schals zu und knotest sie um die Hälse.

3 Für die Mützen schneidest du je einen 2 cm breiten Ring von der letzten Klorolle ab. Dann pro Mütze 20–30 Wollfäden mit 15 cm Länge zurechtschneiden.

Falte den ersten Wollfaden auf der Hälfte, schiebe die gefaltete Seite von unten durch den ersten Klorollenring, lege die Enden herum und fädle sie durch die Schlaufe des Wollfadens. Festziehen.

Mache das mit so vielen Wollfäden, bis deine Mütze ringsum mit Fäden bedeckt ist. Stopfe alle Wollenden einmal durch die Öffnung des Rings, ziehe sie an der anderen Seite wieder gerade und knote sie mit einem Extra-Wollfaden zu einem Bündel zusammen.

Dann schneidest du mit einer Schere die Enden gleichmäßig ab, sodass ein Bommel entsteht.

GEHEIMNISVOLLE UNTERWASSER-WELT

MATERIAL

- 7 Klorollen
- Acrylfarbe in Blau, Gelb, Orange, Rot, Schwarz, Rosa, Weiß
- Acrylstifte in Weiß, Schwarz, Pink, Rot
- 2 Chenilledrähte in Rot, 30 cm lang
- Fotokartonreste in Rot, Schwarz, Weiß
- Schere
- Bleistift mit Radiergummi
- Bastelkleber

Vorlagen siehe Seite 132

1 Drücke für jeden Fisch eine Klorolle platt und schneide die Tiere nach Vorlage aus: Ober- und Unterkante bleiben dabei miteinander verbunden. Die Fische mit Acrylfarbe bemalen und mit Acrylstiften Details aufzeichnen.

2 Für die Quallen schneidest du drei plattgedrückte Klorollen nach Vorlage zu. Schneide die Unterkanten im Abstand von 1 cm ein, jeweils 4 cm tief.

Bemale die Quallen innen und außen. Mit einem Radiergummi an einem Bleistift Augen und Punkte aufstempeln. Trocknen lassen, dann Details mit Acrylstiften aufzeichnen.

3 Für die Krabbe kürzt du eine Klorolle auf 8 cm Länge und bemalst sie. Lass die Farbe trocknen und male ihr danach Wangen und Mund auf. Schneide aus Fotokarton die Details nach Vorlage aus.

Teile den Chenilledraht in zwei 6 cm lange und zwei 10 cm lange Stücke. Die 10 cm langen Stücke faltest du jeweils zur Hälfte und verbiegst sie ein wenig. Dann klebst du sie seitlich mit Bastelkleber in die Klorolle.

Je eine Krebsschere an ein Ende der übrigen Drahtstücke kleben, diese als Arme seitlich in die Klorolle kleben und leicht nach oben biegen. Die Augenteile ebenfalls zusammen- und ankleben.

FLATTERNDE

WINDSPIELE

1 Bemale die Klorollen mit den verschiedenen Acrylfarben – den Marienkäfer mit Rosa und Schwarz, den Schmetterling mit Pink und die Biene mit Gelb – und lass sie trocknen.

2 Schneide aus Fotokarton die Details nach Vorlage aus und klebe sie, wenn nötig, zusammen. Dann alle Teile auf- und ankleben und mit schwarzem Fineliner Münder aufzeichnen.

3 Schneide jetzt aus Chenilledraht für jedes Tier zwei 5 cm lange Fühler zurecht und stecke je eine Holzperle auf ein Ende des Drahtes. Das andere Ende mit Bastelkleber innen vorne in die Klorolle kleben.

4 Pro Tier aus Krepppapier mehrere 1 cm breite, 35 cm lange Streifen in passenden Farben zuschneiden. Fasse alle Streifen für ein Tier zu einem Bündel zusammen und verdrehe sie am Ende miteinander, sodass ein kompakter Abschluss entsteht. Diesen mit Bastelkleber mittig in die jeweilige Klorolle kleben.

5 Zum Schluss stichst du noch ein Loch rechts und links in die Köpfe, fädelst jeweils ein 40 cm langes Stück Baumwollschnur hindurch und verknotest die Enden. Und schon kannst du deine Windspiel-Tiere fliegen lassen!

MATERIAL

- 3 Klorollen
- Acrylfarbe in Rosa, Pink, Gelb, Schwarz
- Fotokartonrest in Hellblau, Blau, Grün, Rosa, Pink
- Fotokarton in Gelb, Rot, Weiß, Schwarz, A4
- Fineliner in Schwarz
- Krepppapier in Weiß, Gelb, Schwarz, Rot, Hellgrün, Rosa, Hellblau
- Chenilledraht in Gelb, Schwarz
- je 2 Holzperlen in Pink, Schwarz, Gelb, ø 1 cm
- Schere
- Bastelkleber

Vorlagen siehe Seite 132

ZIRKUS

SPIEL, SPASS UND ACTION

TRAUMSCHLOSS

1 Schneide aus Versandkarton die Gebäudeteile mitsamt den Steckschlitzen nach Vorlage aus.

2 Aus vier Küchenpapierrollen werden vier Türme. Bei der Burg Zacken in die Türme schneiden, die ca. 1 cm x 2 cm messen.

3 Unten an jeder Küchenrolle bringst du im Abstand von 3,5 cm zwei 6 cm tiefe Einschnitte an.

4 Schneide nun aus Versandkarton Fahnen nach Vorlage aus. Für das Schloss zudem aus einem Eierkarton vier Spitzen als Dächer für die Türme ausschneiden.

5 Alle Flächen und Türme beidseitig mit Acrylfarbe bemalen, ebenso die Fahnen und die Spitzen für die Schlosstürme. Für jede Fahne einen Schaschlikspieß mit einer Schere auf 10 cm kürzen und die Fahnen mit Bastelkleber ankleben.

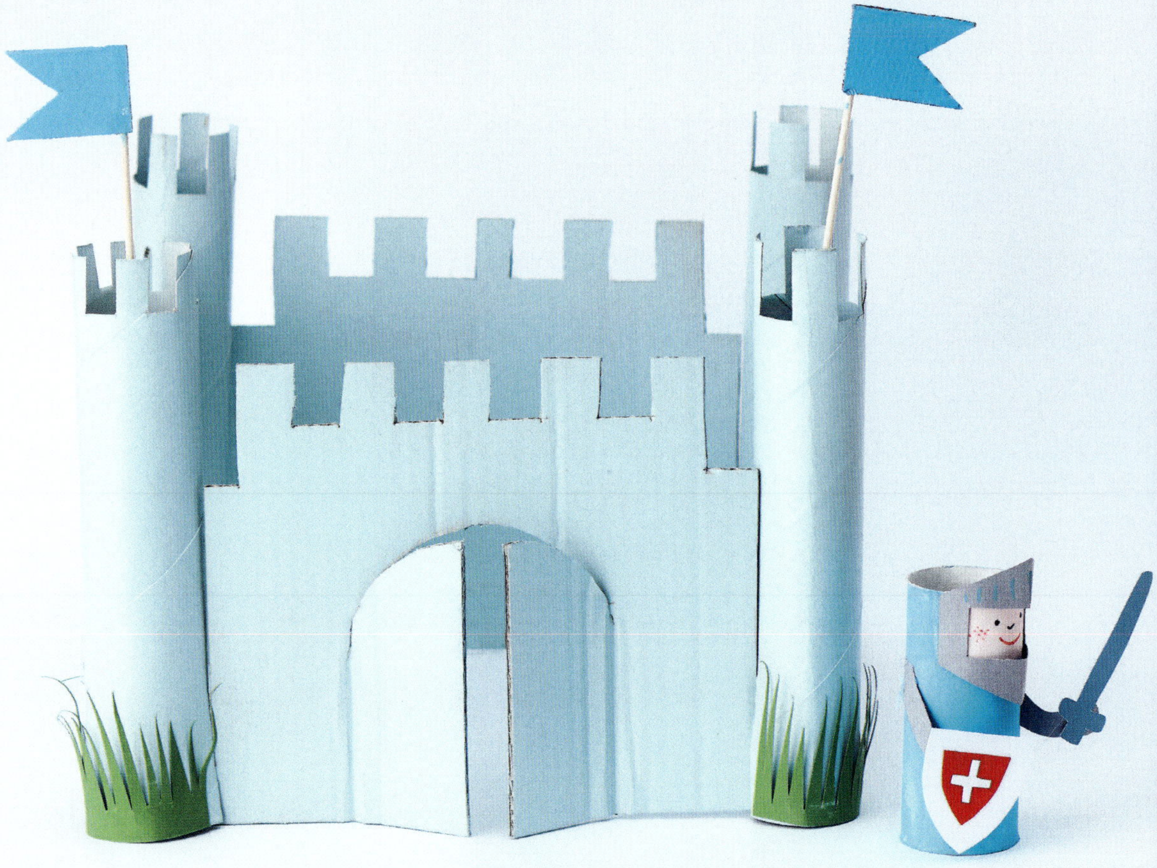

6 Schneide aus grünem Fotokarton vier 8 cm breite und 10 cm lange Streifen aus. In jeden Streifen von einer Seite kleine Zacken einschneiden und als Wiese unten an die Türme kleben.

7 Verziere das Schloss mit einer bunten Wimpelkette aus Fotokartonresten. Klebe die Spitzen auf die Türme, stecke die Fahnen hinein und klebe auch diese fest.

8 Jetzt kannst du alle Elemente zusammenstecken!

MATERIAL

- je 4 Küchenpapierrollen
- Versandkarton, 50 cm x 60 cm
- Fotokarton in Hellgrün, Grün
- Fotokartonreste in Regenbogenfarben
- Acrylfarbe in Rosa, Rot, Pink, Grau, Blau
- Schere
- Cutter
- Eierkarton für 10 Eier (nur für das Schloss)
- 2–4 Schaschlikspieße
- Bastelkleber

Vorlagen siehe Seite 134-135

GASSI GEHEN MIT DIETER DACKEL

MATERIAL

- Küchenpapierrolle
- 2 Bastelhölzer
- Baumwollschnur, 1,5 m lang
- Prickelnadel
- Sticknadel
- Fotokarton in Braun, A6
- 2 Klebepunkte in Weiß, ø 18 mm
- 2 Klebepunkte in Schwarz, ø 8 mm
- Holzperle in Schwarz, ø 15 mm
- 4 Holzperlen in Natur, ø 15 mm
- Bastelkleber

Vorlagen siehe Seite 134

1 Schneide für den Dackelkörper die Küchenpapierrolle an einem Ende schräg an. Ohren und Schwanz nach Vorlage aus Fotokarton ausschneiden und zusammen mit einer Holzperle als Nase mit Bastelkleber aufkleben. Die Augen bestehen aus je einem großen und einem kleinen Klebepunkt.

2 Dann stichst du mit einer Prickelnadel im Abstand von 4 cm je zwei Löcher in die Unterseite der Rolle ein, einmal vorne, einmal hinten. Eine 15 cm lange Baumwollschnur in eine Sticknadel einfädeln und ein Ende der Schnur verknoten.

3 Ziehe auf die Baumwollschnur eine Holzperle auf und stich mit der Nadel von außen durch zwei gegenüberliegende Löcher in der Rolle. Ziehe eine weitere Holzperle auf und verknote das Ende der Schnur so, dass die Schnur auf jeder Seite ca. 2,5 cm herunterbaumelt: Das ist das erste Paar Dackelbeine! Schneide die überstehenden Schnurreste ab und bastle noch ein zweites Paar Beine.

4 Jetzt stichst du mittig auf der Oberseite des Dackelkörpers im Abstand von 10 cm zwei Löcher ein. Fädele ein ca. 90 cm langes Stück Baumwollschnur in die Nadel ein und führe sie von außen durch das erste Loch und durch das zweite Loch wieder zurück nach außen.

Zwei Bastelhölzer mit Bastelkleber zu einem Kreuz zusammenkleben und an zwei Enden die Schnurenden festknoten

WELTRAUM-ABENTEUER

1 Für die Raketen bemalst du zwei Klorollen mit Acrylfarbe. Schneide aus Fotokarton Fenster und Dach nach Vorlage aus. Forme für jedes Dach aus dem Fotokarton-Zuschnitt einen flachen Kegel und klebe die überlappenden Stellen mit Bastelkleber zusammen. Dann jeweils oben auf die Klorolle kleben. Die Fensterteile klebst du auf den Vorderseiten deiner Raketen auf.

Zum Schluss steckst du je drei kleine Wäscheklammern unten an die Raketen.

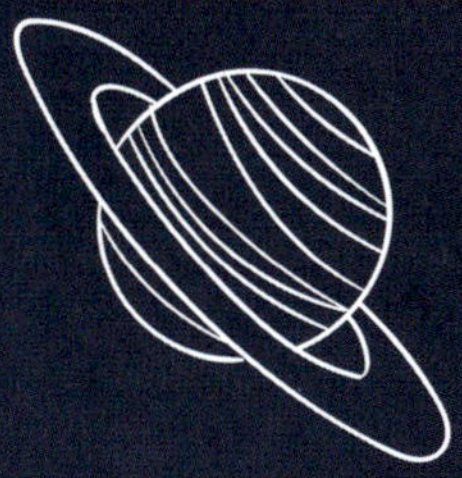

MATERIAL

- 5 Klorollen
- Versandkarton, A4
- Acrylfarbe in Weiß, Hellgrün
- Fotokarton in Weiß, Schwarz, Silber
- 6 Wäscheklammern, 5 cm lang
- 8 Zahnstocher
- 8 Wackelaugen, ø 12 mm
- 8 Holzperlen, ø 10 mm
- Acrylstifte in Schwarz, Rot, Blau, Weiß
- Bastelkleber

Vorlagen siehe Seite 133

2 Für die Aliens schneidest du zwei Klorollen in zwei Stücke: Je eines soll 4 cm lang sein, das andere 6 cm lang. Bemale alle Klorollenteile mit grüner Acrylfarbe. Gib für jeden Alien etwas Kleber auf die Spitze von zwei Zahnstochern und klebe zwei Holzperlen an: Das sind die Fühler. Klebe sie vorne auf die Innenseite der Rolle und verpasse deinen Aliens jeweils noch ein Paar Wackelaugen.

3 Schneide für das Raumschiff zuerst ein ca. 3 cm x 3 cm großes Quadrat mittig aus einer Klorolle heraus. Das Raumschiff aus Versandkarton nach Vorlage ausschneiden und die Klorolle so aufkleben, dass sie hinten etwa ein Drittel übersteht. Bemale das Raumschiff mit weißer Acrylfarbe und lass es trocknen, bevor du es noch mit Acrylstiften verzierst.

SCHNECKENRENNEN

MATERIAL

- 4 Klorollen
- 2 Packpapierstücke, 24 cm x 70 cm
- 4 Wattestäbchen
- Fotokartonreste in Weiß, Rosa, Schwarz
- Baumwollschnur, 3 m lang
- 2 Stöcke, ca. 15 cm lang
- Alleskleber

1 Eine Klorolle plattdrücken und an den Faltkanten bis zur Hälfte einschneiden. Eine zweite Klorolle ebenfalls plattdrücken, auf der Hälfte falten und bis zum Faltknick in die aufgeschnittene Rolle schieben. Mit Alleskleber zusammenkleben.

2 Falte ein Stück Packpapier der Länge nach drei Mal um, sodass ein dünnerer Streifen mit ca. 8 cm Breite entsteht. Rolle den Streifen lose auf und klebe das Ende fest: Das ist das Schneckenhaus.

3 Klebe das Schneckenhaus auf die platte Klorolle. Schneide Augen und Wangen aus Fotokarton aus und klebe sie als Gesicht auf. Für die Fühler Wattestäbchen mit Alleskleber in die Rolle kleben.

4 Schneide nun ein 1,5 m langes Stück Baumwollschnur zurecht und klebe es unter der Schnecke an. Das andere Ende knotest du um einen Stock – und mit einer weiteren Schnecke kann das Spiel beginnen!

TIPP

Schneckenrennen:

Wer schafft es am schnellsten, seine Schneckenschnur aufzuwickeln? Auf die Plätze, fertig, los!

GIB GAS!

1 Für jedes Auto zunächst etwas Alleskleber in ein Ende einer Klorolle geben und die Rolle plattdrücken. Aus einer zweiten Klorolle den Spoiler ausschneiden – eine Vorlage findest du auf Seite 136.

Mit einem Messer kürzt du den Sektkorken – am besten lässt du dir dabei von einem Erwachsenen helfen! Das wird der Kopf des Fahrers.

2 Bemale Klorolle, Spoiler und Korken mit Acrylfarbe und lass alles gut trocknen. Den halben Sektkorken kannst du zum Bemalen auf einen Schaschlikspieß stecken, dann geht es einfacher. Zeichne mit Acrylfarbe oder mit Acrylstiften dann noch Gesicht und Verzierungen auf.

3 Jetzt schneidest du aus Fotokarton Rennstreifen, Nummernschild und Räder nach Vorlage aus.

MATERIAL

- 6 Klorollen
- Acrylfarbe in Schwarz, Weiß, Rot, Rosa, Braun
- 2 Sektkorken
- Messer
- Fotokartonreste in Schwarz, Weiß
- Papier in Schwarz-Weiß-Kariert, A4
- Klebezahlen
- Acrylstifte in Schwarz, Weiß, Rot
- Alleskleber
- Klebestift

Vorlagen siehe Seite 136

4 Klebe den Spoiler hinten oben in die Klorolle, die Räder seitlich, die Rennstreifen quer über die Front und den Kopf des Fahrers oben drauf. Jetzt noch eine Klebezahl auf jedes Auto kleben.

5 Für das Ziel zwei Klorollen mit dem karierten Papier bekleben, je einen ca. 1 cm tiefen Einschnitt in den oberen Rand schneiden. Auf ein Stück Fotokarton „Ziel" schreiben und dieses in die Einschnitte in den Klorollen stecken.

TEATIME

MATERIAL

- 3 Klorollen
- Versandkarton, A4
- Acrylfarbe in Weiß und Pinsel
- Acrylstifte in Blau, Hellblau
- Alleskleber
- Holzperle in Blau, ø 1 cm

Vorlagen siehe Seite 131

1 Schneide aus Versandkarton die Böden, Henkel und Deckel der Kanne und der Tassen aus – eine Vorlage findest du auf Seite 131.

2 Für die Tassen zwei Klorollen halbieren und jeweils mit Alleskleber auf einen Boden kleben. Die Klorolle, welche die Kanne wird, ganz lassen und ebenfalls auf einen Boden kleben. Die Henkel für Tassen und Kanne sowie den Kannenausgießer seitlich ankleben und den Kleber aushärten lassen.

3 Anschließend alle Teile innen und außen mit Acrylfarbe bemalen und trocknen lassen.

4 Klebe nun noch eine Holzperle auf den Deckel der Kanne und verziere die Tassen und die Kanne zum Schluss mit Acrylstiften.

TIPP

Aus brauner Pappe kannst du Kekse oder Brezeln ausschneiden und diese beim Puppentee servieren.

WASSERPFLANZEN
243

FORSCHERSET

MATERIAL

für die Kamera

- Klorolle
- Pappschachtel, 12 cm x 8,5 cm
- Acrylfarbe in Schwarz
- Bastelholz, 11,5 cm x 1 cm
- Fotokarton in Weiß
- Korken, ø 2 cm
- Jute-Webband, 2,5 cm x 80 cm
- 2 Holzperlen in Natur, ø 1,5 cm
- Alleskleber

für das Fernglas

- 2 Klorollen
- Fotokarton in Braun, A5
- 2 Perlen in Weiß, ø 1,5 cm
- Jute-Webband, 2,5 cm x 60 cm
- Alleskleber

1 Für die Kamera von der Klorolle einen 2,5 cm breiten Ring abschneiden, diesen mit schwarzer Acrylfarbe anmalen und mit einem Stück weißem Fotokarton hinterkleben. Überreste abschneiden.

Schneide dann mit einem Messer vom Korken ein Drittel ab und halbiere mit einer Schere ein Bastelholz. Aus einem Klorollenrest ein 2 cm x 3 cm großes Rechteck ausschneiden, dann alle Teile mit Bastelkleber auf der Pappschachtel ankleben.

Nun fädelst du noch auf jedes Ende des Jute-Webbands eine Holzperle und klebst die Holzperlen seitlich an die Kamera.

2 Für das Fernglas klebst du an allen Enden der beiden Klorollen je einen 1 cm breiten Streifen Fotokarton rundherum. Zwei Holzperlen mit Alleskleber als Abstandshalter zwischen den Klorollen befestigen. Zum Schluss noch die Enden des Jute-Webbands jeweils links oder rechts in eine Klorollenöffnung einkleben, fertig ist das Fernglas!

FANG DAS EI!

MATERIAL

- 2 Klorollen
- Acrylfarbe in Weiß
- Fotokartonreste in Gelb, Rot, Schwarz
- Juteschnur, 80 cm lang
- 2 Holzeier, 3 cm x 2 cm
- Alleskleber

Vorlagen siehe Seite 132

1 Bemale für jedes Huhn eine Klorolle mit weißer Acrylfarbe und lass sie trocknen. Schneide aus Fotokartonresten Füße, Schnabelteile, Kamm und Augen aus – eine Vorlage findest du auf Seite 132.

2 Halbiere die Juteschnur und klebe mit Alleskleber an einem Ende ein Holzei an. Das andere Ende wird in die Klorolle geklebt. Rechts und links von der Schnur klebst du von innen die Füße an.

3 Dann verteilst du etwas Kleber am unteren Rand innen und drückst die Klorolle unten flach zusammen. Zum Schluss noch Schnabel, Kamm und Augen aufkleben.

Und dann ist deine Geschicklichkeit gefragt: Versuche das Holzei durch vorsichtiges Schwingen mit der Öffnung der Klorolle zu fangen!

STARKER FRONTLADER

1 Von der ersten Klorolle ein 6 cm langes Stück abschneiden und der Länge nach halbieren: Das werden das Traktor-Dach und Baggerschaufel.

Kürze dann vier Papierstrohhalme auf 5 cm Länge und zwei Papierstrohhalme auf 9 cm Länge.

2 Die vier kurzen Strohhalme mit Heißkleber auf die ganze Klorolle kleben: Sie tragen später das Dach. Am besten lässt du dir dabei von einem Erwachsenen helfen.

3 Für die Schaufel die Enden der beiden langen Strohhalme plattdrücken und auf einer Seite von unten an eines der halben Klorollenstücke kleben.

4 Klebe auf die vier Strohhalme auf der Klorolle das andere halbe Klorollenstück als Dach. Die Strohhalme mit der Schaufel in die Öffnung der ganzen Klorolle kleben.

5 Bemale alle Teile mit Acrylfarbe und lass sie trocknen. Derweil kannst du aus Fotokarton die Räder nach Vorlage ausschneiden und seitlich ankleben.

MATERIAL

- 2 Klorollen
- 6 Papierstrohhalme
- Acrylfarbe in Grün, Grau, Schwarz
- Fotokarton in Schwarz, Grau, A6
- Heißklebepistole

Vorlagen siehe Seite 134

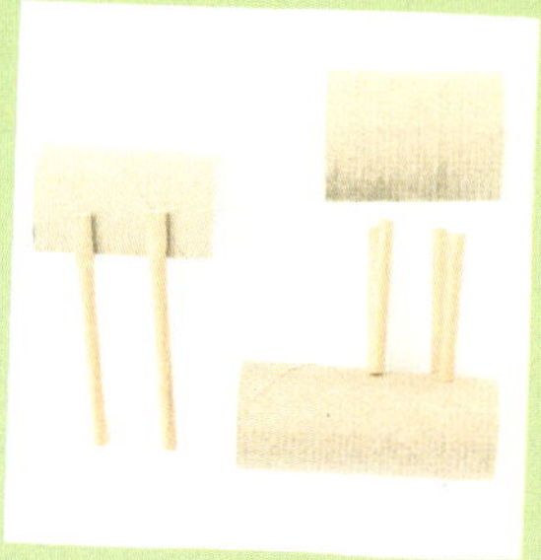

KOMM INS BAUMHAUS!

MATERIAL

- 4 Klorollen
- 2 Küchenpapierrollen
- Versandkarton, 50 cm x 70 cm
- 12 Bastelhölzer, 11,5 cm x 1 cm
- 2 Baumwollschnüre, 10 cm lang
- Schere, spitz
- Bastelkleber

Vorlagen siehe Seite 137

1 Schneide aus Versandkarton die Platten nach Vorlage aus. Für das hohe Podest die Küchenpapierrollen auf 15 cm Länge kürzen und auf der ganz großen Platte festkleben; die große Platte darauf festkleben. Für das kleine Podest eine Klorolle auf 5,5 cm Länge kürzen und ebenfalls festkleben; die kleine Platte darauf festkleben.

2 Eine Klorolle plattdrücken und längs halbieren. Eine Hälfte wird die Rutsche. Die andere wird die Bank: auf 8 cm x 6 cm zuschneiden. Von einer Klorolle einen 1 cm breiten Ring abschneiden und darunter legen. Ein 3 cm großer Klorollenring bildet die Füße für den Tisch davor. Die Tischplatte aus Versandkarton nach Vorlage ausschneiden.

3 Schneide die Schaukel aus einer Klorolle nach Vorlage zurecht, bohre mit einer spitzen Schere rechts und links je ein Loch hinein und knote jeweils eine Baumwollschnur daran fest. Die Schnurenden klebst du unter dem Podest an.

4 Dann aus Versandkarton die Hausteile nach Vorlage ausschneiden. Die Wände an den Seiten zusammenkleben. Eine längs halbierte Klorolle als Dach darüber und die Ziegel vorne ankleben.

5 Für die Leitern aus Bastelhölzern fünf bzw. vier Streben mit je 3 cm Länge zuschneiden und mit weiteren Bastelhölzern zusammenkleben.

RASSELBANDE

MATERIAL

- 5 Klorollen
- Acrylfarbe in Blau, Mint, Rot, Rosa, Gelb, Weiß, Schwarz
- Fineliner in Schwarz
- 4 EL Reis oder Erbsen, getrocknet
- Alleskleber

1 Zuerst alle Klorollen mit Acrylfarbe bemalen und trocknen lassen.

2 Bei jeder Klorolle in eine Öffnung etwas Alleskleber geben und diese plattdrücken. Die Klorolle mit 1–2 EL Reis oder getrockneten Erbsen füllen. Dann auf die Innenseiten der zweiten Öffnung etwas Alleskleber geben und die Seiten zusammendrücken, damit die Rolle dicht verschlossen ist.

3 Zum Schluss mit Acrylfarbe und Fineliner Augen, Mund, Zähne und Wangen aufmalen.

MURMEL-MONSTER

TIPP

Schnapp dir eine Handvoll Murmeln, stell deine Monster in einer Reihe auf und versuche, die Murmeln durch die Monsterbeine kullern zu lassen, ohne dabei ein Monster umzuwerfen!

1 Kürze die Klorollen und Küchenpapierrollen nach Belieben. Aus einer Klorolle kannst du auch zwei Monster machen!

2 Drücke dann die Klorollen an einem Ende platt und schneide auf einer Seite ein ca. 2,5 cm x 3,5 cm großes Rechteck aus.

3 Für das Monster mit den abstehenden Augen kannst du zwei 7 mm x 40 mm lange Stücke aus einer Klorolle ausschneiden und diese mit Alleskleber von innen einkleben.

4 Jetzt die Münder nach Vorlage aufzeichnen und mit einer spitzen Schere ausschneiden. (Du kannst auch einfach Münder aufmalen.)

5 Die Klorollen selbst dann mit Acrylfarben bemalen und trocknen lassen. Zum Schluss die Wackelaugen aufkleben.

MATERIAL

- 6 Klorollen
- 3 Küchenpapierrollen
- Acrylfarbe in Weiß, Blautönen, Grüntönen
- Schere, spitz
- 8 Wackelaugen, z.B. 2x ø 8 mm, 3x ø 12 mm, 1x ø 15 mm, 1x ø 20 mm, 1x ø 30 mm
- Alleskleber

Vorlagen siehe Seite 131

LASS KNALLEN!

MATERIAL

für die Konfettikanonen

- 2 Klorollen
- Masking Tape
- 2 Luftballons
- Konfetti

für die Pompon-Shooter

- 2 Klorollen
- Masking Tape
- 2 Haushaltsgummis
- Lochzange oder Schere, spitz
- Bleistift

Vorlagen siehe Seite 124

1 Für eine Konfettikanone knotest du zuerst das Ende des Luftballons zu, ohne den Ballon vorher aufzupusten. Dann schneidest du den Ballon quer durch.

Das verknotete Ende des Ballons über die Klorolle stülpen und das Gummi mit Masking Tape rundherum an der Rolle festkleben.

Nun befülle deine Kanone mit Konfetti, ziehe am Luftballon-Knoten und lass ihn wieder los!

2 Für einen Pompon-Shooter drückst du ein Ende einer Klorolle so platt, dass die Faltkante deutlich zu erkennen ist. Dann schneidest du die Klorolle auf beiden Seiten zwei Mal jeweils 2 cm tief ein. Achte darauf, dass du mit den Einschnitten immer 1 cm von der Faltkante entfernt bleibst.

Je ein Haushaltsgummi durch die Einschnitte fädeln und Masking Tape über die Einschnitte und rundum die Rolle kleben.

Eine weitere Klorolle plattdrücken und der Länge nach zu einer Rolle falten. Dann mit einer Lochzange mittig mit jeweils 2 cm Abstand zum Rand ein Loch durch alle Klorollenschichten drücken und einen Bleistift durchstecken.

Stecke die Bleistiftrolle wie auf dem Bild in die Klorolle. Die Gummis rechts und links darum spannen.

Jetzt einen Pompon in den Shooter legen, den Bleistift zurückziehen und wieder loslassen!

HEREINSPAZIERT!

MATERIAL

- 6 Klorollen
- Acrylfarbe in Schwarz, Weiß, Hellrosa, Braun, Rot, Gelb
- Fotokarton in Schwarz, Rosa, Orange, Rot, Gelb, Weiß, A6
- Versandkartonrest
- Chenilledraht in Weiß, Rosa, 30 cm lang
- Fineliner in Schwarz, Rosa
- Eisschirmchen
- Papier-Muffin-Form
- Feder in Mint
- Eisbecher
- 2 Wattekugeln, ø 25 mm
- Schaschlikspieß
- Bastelkleber
- Klebestift

Vorlagen siehe Seite 138–139

1 Für Gewichtheber, Seiltänzerin, Clown und Zirkusdirektor bemalst du die Klorollen mit Acrylfarbe. Trocknen lassen, dann (bei allen außer dem Clown) die Haare aufmalen sowie andere Details. Mit einem Fineliner Gesichtszüge hinzufügen.

Die Details aus Fotokarton nach Vorlage ausschneiden und mit einem Klebestift aufkleben.

2 Für die Hantel des Gewichthebers kürzt du einen Schaschlikspieß auf 7 cm Länge und klebst zwei Wattekugeln an die Enden. Male die Kugeln schwarz an. Einen 20 cm langen Chenilledraht als Arme des Gewichthebers ankleben.

3 Für den Rock der Seiltänzerin von einem Muffinförmchen den Boden herausschneiden und über die Klorolle stülpen. 10 cm Chenilledraht um ein Papierschirmchen biegen und das Ende hinten an der Klorolle festkleben. Eine Feder vorne von innen in die Klorollen-Öffnung einkleben.

4 Für den Zylinder des Zirkusdirektors aus Versandkarton einen Kreis nach Vorlage ausschneiden und einen 3,5 cm großen Ring von einer Klorolle darauf kleben. Bemalen und trocknen lassen.

5 Für den Löwen kürzt du die Klorolle auf 7 cm und bemalst sie. Gut trocknen lassen, dann Gesichtszüge aufmalen. Aus Fotokarton die Details nach Vorlage ausschneiden und ankleben. Der Löwe bekommt einen bemalten Eisbecher als Podest.

LASS DIE PUPPEN TANZEN!

MATERIAL

- 6 Klorollen
- 6 Bastelhölzer, 18 cm x 1 cm
- Fotokartonreste in Braun, Beige, Weiß
- Klebepunkte in Weiß, ø 18 mm
- Klebepunkte in Schwarz, ø 8 mm
- Wollrest in Grau
- Fineliner in Schwarz
- Schere
- Bastelkleber

Vorlagen siehe Seite 125

1 Die Klorollen flach drücken, die für den Koala auf einer Seite abrunden.

2 Für alle Tiere aus Fotokarton die Details nach Vorlage ausschneiden und aufkleben. Augen aus Klebepunkten ebenfalls aufkleben und Nasenlöcher oder Mäulchen mit Fineliner aufmalen.

3 Für das Haarbüschel des Koalas einen grauen Wollfaden zehn Mal um zwei Finger wickeln und abziehen, dann einen weiteren Faden um die Mitte knoten und festziehen. Die Schlaufen seitlich aufschneiden und das Büschel am Koalakopf ankleben.

4 Die Bastelhölzer von unten in die Klorollen-Tiere kleben, die Klorollenenden platt drücken und zukleben.

TIER-KARNEVAL

MATERIAL

- 3 Klorollen
- Fotokarton in Grau, Beige, A5
- Fotokarton in Rosa, Braun, Weiß, A6
- Lochzange
- Gummiband in Weiß, 90 cm lang
- Schere, spitz
- Alleskleber

Vorlagen siehe Seite 135

1 Die Klorollen längs aufschneiden und mit einer spitzen Schere jeweils zwei ca. 2 cm große Gucklöcher hineinschneiden.

2 Dann aus Fotokarton Ohren, Nasen und Wangen nach Vorlage ausschneiden und mit Alleskleber auf die Masken kleben.

3 Mit einem schwarzen Fineliner zeichnest du noch Gesichtszüge wie Mund und Bartstoppeln auf.

4 Bohre nun mit einer Lochzange im Abstand von 1 cm zum Rand zwei kleine Löcher hinein. Ein je 30 cm langes Gummiband durchziehen und die Enden an der Maske verknoten.

POPSTERNCHEN

MATERIAL

- 3 Klorollen
- Fotokartonrest in Grau, Weiß
- Spiegelkartonrest
- Wattekugel, ø 5,5 cm
- Acrylfarbe in Schwarz, Silber, Blau
- Juteschnur, 30 cm lang
- Wäscheklammern
- Bastelkleber

Vorlagen siehe Seite 133

1 Für die Brille schneidest du von einer Klorolle drei je 2 cm breite Ringe ab. Aus einem der Ringe ein ca. 4 cm langes Verbindungsstück ausschneiden. Aus einer weiteren Klorolle die Bügel der Brille nach Vorlage ausschneiden.

Die Brillengläser und das Verbindungsstück mit Bastelkleber zusammenkleben. Dabei mit Wäscheklammern fixieren, damit nichts verrutscht, solange es trocknet. Danach die Bügel von innen in die beiden Kreise kleben.

Die Brille mit Acrylfarbe bemalen und trocknen lassen. Dann schneidest du aus Spiegelkarton zwei Sterne nach Vorlage aus und klebst sie vorne seitlich an die Brille.

2 Für das Mikrofon eine Klorolle längs halbieren, wieder zusammenrollen und an den überlappenden Flächen zusammenkleben: Die Rolle sollte nun nur noch einen Durchmesser von 3 cm haben.

Mit Bastelkleber eine Wattekugel auf ein Ende der Rolle kleben, in das andere Ende eine Juteschnur einkleben.

Jetzt kannst du das Mikrofon mit Acrylfarbe bemalen. Lass alles gut trocknen und schneide derweil aus Fotokarton die Details nach Vorlage aus. Aufkleben. Fertig!

CLEVERE HACKS UND FIXE IDEEN

EIERBECHER-TIERCHEN

MATERIAL

- 6 Klorollen
- Acrylfarbe in Rosa, Grau, Braun, Weiß, Rot
- Acrylstifte in Schwarz, Gelb, Pink, Braun, Weiß, Grau
- Schere

Vorlagen siehe Seite 122–123

1 Drücke die Klorollen platt, zeichne nach Vorlage die Umrisse der verschiedenen Tiere auf und schneide sie aus.

2 Bemale die Tiere mit Acrylfarbe und lass sie gut trocknen. Mit Acrylstiften noch die Details aufzeichnen, und fertig sind die Eierbecher!

HAPPY HANDYHALTER

TIPP
Das Tolle an diesen Handyhaltern ist: Du kannst dein Handy hoch ODER quer hineinstellen!

1 Drücke die Küchenpapierrollen platt und zeichne mit Hilfe der Vorlage den Umriss des Tieres auf, das du als Handyhalter haben möchtest.

2 Schneide den Umriss aus und bemale die Klorolle innen und außen mit Acrylfarbe. Lass alles gut trocknen.

3 Danach kannst du noch die Details mit Acrylfarbe oder schwarzem Fineliner aufzeichnen.

MATERIAL

- 2 Küchenpapierrollen
- Acrylfarbe in Rosa, Weiß, Schwarz, Orange
- Fineliner in Schwarz
- Schere

Vorlagen siehe Seite 122

LUSTIGE LICHTERKETTE

MATERIAL

- 5 Klorollen
- Lichterkette mit 10 Lichtern in Weiß
- Wollreste in Grün, Pink, Rosa, Gelb, Hellblau
- 10 Juteschnüre, 15 cm lang
- Klebepunkte in Weiß, ø 1,5 cm
- Klebepunkte in Schwarz, Rosa, ø 8 mm
- Holzperlen in Blau, Gelb, Rosa, Pink, Grün, ø 1 cm
- Alleskleber

1 Jede Klorolle quer halbieren, sodass du zwei kurze Papprröhren bekommst. Die kurzen Röhren platt drücken und an einer der Faltkanten einen 1 cm großen Halbkreis in die Rolle schneiden: Wenn du die Rolle später wieder zusammendrückst, hast du dort ein rundes Loch, durch welches du das Lämpchen der Lichterkette stecken kannst. Bereite neun weitere Klorollen so vor.

2 Wickle für die Haarbüschel je einen Wollfaden zehn Mal um deine Handfläche und ziehe ihn vorsichtig ab. Dann einen weiteren Faden um die Mitte des Knäuels knoten und festziehen. Die Schlaufen seitlich aufschneiden und das Haarbüschel mit Alleskleber auf die Röhre kleben, vor das Loch für das Lämpchen der Lichterkette.

3 In ein Ende der Juteschnur einen Knoten machen, dann zwei Holzperlen auffädeln und auch das andere Ende der Schnur verknoten. Zehn solche Beinpaare anfertigen und jeweils eines durch eine Röhre hindurchschieben und innen mittig festkleben.

4 Augen und Wangen aus Klebepunkten aufkleben und die Lämpchen deiner Gute-Laune-Lichterkette durch die Löcher in den Röhren schieben.

STEMPEL-ALARM

TIPP

Wenn du statt Acrylfarbe Stoffmalfarbe verwendest, kannst du so auch T-Shirts, Taschen oder Bettwäsche verschönern!

MATERIAL

- 4 Klorollen
- Bleistift
- Acrylfarbe in Rot, Gelb, Blau, Grün, Rosa
- Pappteller
- einige Blätter Papier
- Bastelkleber
- Schere, spitz

1 Aus Klorollen kann man tolle Stempel zaubern! Für den Herzstempel drückst du die Klorolle erst richtig platt und dann wieder zusammen. Knicke eine Faltkante nach innen und bringe die Seiten mit etwas Druck so in Form, dass eine schöne runde Herzform entsteht.

2 Für den Blumenstempel schneidest du mit einer spitzen Schere 1 cm große Halbkreise oben in den Rand einer Klorolle. Am einfachsten ist es, wenn du die Halbkreise vorher mit einem Bleistift aufzeichnest. Falte dann die Halbkreise nach außen um, sodass eine Blütenform entsteht.

3 Für den Bienen- und den Hasenstempel zwei je 2 cm breite Ringe von der Klorolle abschneiden, die Ringe plattdrücken. Für den Bienenstempel je eine Faltkante nach innen knicken, innen festkleben und die entstandenen Flügel in Form drücken. Die Bienenflügel rechts und links an eine Klorolle kleben.

Für den Hasenstempel die plattgedrückten Ringe in eine Langohr-Form drücken und zwei Hasenohren zusammenkleben. Das Ohrenpaar an eine Klorolle ankleben. Achte dabei darauf, dass alle Elemente unten bündig sind.

4 Die Acrylfarbe auf einen Pappteller geben und die Stempel hineindrücken, dann stempeln.

LEUCHTENDE LATERNEN

MATERIAL

- 4 Klorollen
- 3 LED-Teelichter
- Acrylfarbe in Gelb, Rosa, Pink
- Pomponborte in Gelb, Orange, Pink, 20 cm lang
- Satinband in Rosa, Rot Gelb, 0,6 cm x 20 cm
- Alleskleber
- Schere

1 Für jede Laterne eine der Klorollen längs aufschneiden und noch einmal längs auf die Hälfte falten.

2 Wieder aufklappen und beidseitig mit Acrylfarbe bemalen, jeweils gut trocknen lassen.

3 Dann faltest du sie erneut längs auf die Hälfte und schneidest mit der Schere über die ganze Länge in die Faltkante ein, immer bis 1 cm vor dem Rand.

4 Klappe sie wieder auf und stelle sie über ein LED-Teelicht. Klebe die überlappenden Flächen mit Alleskleber zusammen.

5 Von einer weiteren Klorolle einen 1 cm breiten Ring abschneiden, diesen aufschneiden und die Enden als Henkel von innen an den oberen Rand der Laterne ankleben.

6 Anschließend kannst du die Laterne noch mit Pomponborte und Satinband verzieren: Passend zuschneiden und an Ober- und Unterseite ankleben.

EDLE KERZEN

1 Für jede Kerze eine Küchenrolle auf 13 cm Länge kürzen oder eine ganze Klorolle verwenden.

2 Die Rolle aufrecht vor dich hinstellen. Mit der Heißklebepistole rings um den Rand Kleber auftragen und langsam herunterlaufen lassen, sodass Tropfen entstehen – am besten lässt du dir dabei von einem Erwachsenen helfen!

3 Lasse den Heißkleber aushärten und bemale die Rolle dann mit weißer Acrylfarbe. Gut trocknen lassen.

4 Zum Schluss kannst du das LED-Teelicht anmachen und von oben in die Rolle stecken. Falls das Teelicht zu klein ist und nicht gut in der Rolle hält, gib ein paar Tropfen Heißkleber außen auf das Teelicht und klebe es so in der Rolle fest.

MATERIAL

- 3 Klorollen
- 2 Küchenpapierrollen
- 5 LED-Teelichter
- Acrylfarbe in Weiß
- Heißkleber
- Schere

KRIMSKRAMS-DÖSCHEN

MATERIAL

- 4 Klorollen
- Küchenpapierrolle
- Acrylfarbe in Rosa, Hellblau, Mint, Pink, Hellgelb, Weiß, Apricot
- Versandkarton, A4
- 2 Holzperlen in Weiß, ø 1,2 cm
- 3 Holzperlen in Weiß, ø 1,5 cm
- Bleistift
- Bastelkleber
- Schere

Vorlagen siehe Seite 126

1 Aus den Klorollen fünf Röhren mit folgenden Längen zuschneiden:
1x 3,5 cm – 2x 4,5 cm – 1x 5,5 cm – 1x 6,5 cm.
Das sind die Döschen.

2 Von der Küchenpapierrolle schneidest du drei 3 cm breite Ringe und einen 1,5 cm breiten Ring ab. Zeichne mit einem Bleistift ein Wellenmuster auf den Rand der Ringe und schneide es aus: Das sind die Deckel.

3 Stelle die Döschen und die Deckel aufrecht auf einen Versandkarton und zeichne mit einem Bleistift ihre Umrisse auf. Schneide die Umrisse der Döschen etwas kleiner aus, also innen am Rand deiner Markierung: Sie müssen etwas kleiner werden als die Döschen selbst, damit du sie in die Döschen einkleben kannst. Die Umrisse der Deckel hingegen schneidest du etwas größer aus, also außen am Rand deiner Markierung.

4 Die Umrisse der Döschen mit Bastelkleber als Boden in die Döschen einkleben, die der Deckel als Abdeckung oben auf die Deckel aufkleben.

TIPP

Du kannst in diesen Döschen kleine Dinge aufbewahren oder auch kleine Überraschungen wie einen Freundschaftsring, Teebeutel oder Süßigkeiten verschenken.

5 Jetzt kannst du die Dosen und Deckel mit Acrylfarbe bemalen. Lass sie gut trocknen, dann zusammensetzen. Jeder Deckel wird anschließend noch mit einer Holzperle verziert.

SÜSSE SPAR-SCHWEINCHEN

MATERIAL

- 3 Klorollen
- Bleistift
- Versandkarton, A6
- Fineliner in Schwarz
- Acrylfarbe in Rosa
- Fotokartonrest in Schwarz
- Schere, spitz
- Bastelkleber

Vorlagen siehe Seite 123

1 Stelle für ein Schweinchen eine Klorolle aufrecht auf einen Versandkarton, zeichne mit einem Bleistift zwei Mal die Umrisse nach und schneide die beiden Kreise aus. In einen der Kreise schneidest du mit einer spitzen Schere mittig einen ca. 0,5 cm x 3 cm langen Schlitz hinein.

2 Jetzt die Kreise mit Bastelkleber oben und unten auf die Klorolle kleben.

3 Schneide aus einer weiteren Klorolle Ohren und Nase nach Vorlage zurecht und klebe sie an.

4 Dann wird dein Schweinchen mit Acrylfarbe bemalt. Gut trocknen lassen.

5 Aus einem schwarzen Fotokartonrest Augen ausschneiden und aufkleben und mit einem Fineliner zwei Nasenlöcher aufmalen.

HIER KOMMT FAMILIE ORDNUNG

MATERIAL

- 4 Klorollen
- 3 Küchenpapierrollen
- Versandkarton, A4
- Tonpapier in Gelb, Rosa, Rot, Orange, Grün, Hellblau, Blau, A4
- Klebepunkte in Weiß, ø 18 mm
- Klebepunkte in Schwarz, ø 8 mm
- Klebestift
- Bastelkleber

1 Schneide zuerst die Rollen zu und lass dir beim Abmessen und Anzeichnen von einem Erwachsenen helfen.

Du schneidest aus den Küchenpapierrollen drei Röhren mit folgenden Längen zu: 1x 18 cm – 1x 15 cm – 1x 11 cm. Aus den Klorollen schneidest du vier Röhren mit folgenden Längen zu: 1x 9,8 cm, 1x 8 cm, 1x 6 cm, 1x 5 cm.

Dann noch aus Versandkarton einen Kreis mit einem Durchmesser von 16,5 cm ausschneiden für den Boden des Stiftehalters.

2 Das Tonpapier um die Rollen wickeln, überstehende Reste abschneiden und mit einem Klebestift ankleben. Mit Gummiringen fixieren und trocknen lassen.

3 Den Kartonboden ebenfalls mit Tonpapier bekleben, überstehende Reste abschneiden.

4 Klebe nun die Rollen auf den Boden und klebe sie untereinander mit Alleskleber an, damit sie stabil stehen.

5 Zum Schluss noch Augen aus Klebepunkten aufkleben.

VOGELGLÜCK

MATERIAL

- 2 Klorollen
- Vogelfutter
- Erdnussbutter
- 4 Äste, dünn, ca. 25 cm lang
- 2 Juteschnüre, 30 cm lang
- Messer
- Schere, spitz

1 Stelle eine Klorolle aufrecht vor dich hin und bohre oben mit einer spitzen Schere zwei kleine Löcher in die gegenüberliegenden Seiten der Rolle, jeweils mit 2 cm Abstand zum Rand. Bohre unten danach ringsum vier weitere, größere Löcher in die Rolle.

2 Bestreiche die Klorolle mit einem Messer ringsum mit Erdnussbutter, spare die Löcher dabei ein wenig aus. Gib das Vogelfutter auf einen Teller und wälze die Klorolle so darin, dass möglichst viele Körner an der Rolle haften bleiben.

3 Ziehe eine Juteschnur durch die kleinen Löcher oben in der Rolle und verknote die Enden. Stecke durch die unteren Löcher je einen Ast quer hindurch und hänge deine kleine Vogelfutterstation draußen auf.

ZARTE PFLÄNZCHEN

TIPP

Wenn dein zartes Pflänzchen etwas größer geworden ist, kannst du es samt deinem Klorollen-Anzuchttopf in den Garten pflanzen!

1 Für ein kleines Pflanztöpfchen halbierst du eine Klorolle zunächst quer. Die kurzen Röhren platt drücken und wieder zusammendrücken, die Faltkanten aufeinander legen und die Röhren erneut platt drücken.

2 Schneide an allen vier Faltkanten mit einer Schere von unten ca. 1,5 cm tief ein. Falte die Ecken dann nach innen um, um das Töpfchen zu verschließen wie einen Karton. Mit Erde befüllen und einen Samen hineindrücken.

MATERIAL

- Klorolle
- Schere
- Blumenerde
- Pflanzensamen nach Wahl

Für Dich!

LIEBEVOLLE GESCHENKE FÜR BESTE FREUNDE

TIPP

Du kannst die bemalten Klorollen auch zuerst halbieren und dann wie beschrieben einschneiden, dann werden deine Blüten kleiner.

FLOWER POWER

1 Bemale die Klorollen beidseitig mit Acrylfarbe und lass sie gut trocknen. Um dann einzelne Blüten zu basteln, hast du zwei Möglichkeiten:

2 Schneide mehrfach im Abstand von 5 mm in den oberen Rand der Klorolle ein, bis höchstens 2 cm vor dem unteren Rand. Oder du schneidest kleine schmale Dreiecke in den oberen Klorollenrand ein, ebenfalls bis höchstens 2 cm vor dem unteren Rand.

3 Wenn du alle Klorollen so vorbereitet hast, biege die Einschnitte als Blütenblätter nach außen.

4 Forme aus Watte für jede Blüte einen kleinen Ball und lege ihn auf ein ca. 15 cm x 15 cm großes Stück Krepppapier. Verdrehe das Krepppapier an den Enden, sodass es den Watteball wie ein Bonbon umschließt. Gibt dann noch etwas Bastelkleber auf die Enden und klebe sie am Ball fest. Den Ball mit der schönen Seite nach vorne in die Blüte einkleben.

5 Klebe jeweils einen Ast an die Rückseite der Blüte und an diesen ein paar Blätter, die du aus Fotokarton ausgeschnitten hast.

MATERIAL

- 8 Klorollen
- Acrylfarbe in Pink, Gelb, Orange, Rot, Blau, Grün
- Krepppapier in Blau, Pink, Gelb, Grün, Orange und Rot, A4
- Fotokarton in Grün, A5
- Watte
- 8 Äste, 30–45 cm lang
- Bastelkleber

Vorlagen siehe Seite 129

BIBER MIT HERZ

MATERIAL

- 3 Klorollen
- Versandkarton, 30 cm x 20 cm
- Krepppapier in Rosé, 2x A4
- 2 Satinbänder in Rosa, 7 mm breit, 30 cm lang
- 2 Wollfäden in Braun, 40 cm lang
- Fotokartonrest in Weiß
- Filzstift in Schwarz
- Permanentmarker in Weiß, Braun
- Bastelkleber
- Schere

Vorlagen siehe Seite 138

1 Schneide aus Versandkarton die Einzelteile für den Körper nach Vorlage aus, zudem aus Fotokarton Augen und Zähne und aus einer Klorolle das Schnäuzchen.

2 Die Details für Nase und Mund sowie die Pupillen mit einem Filzstift aufzeichnen und hinter den Mund auf jeder Seite mit Bastelkleber zwei 4 cm lange Wollfäden kleben.

3 Nun schneidest du aus Krepppapier zwei 20 cm x 20 cm große Stücke zurecht und klebst je eines in einem Ende einer Klorolle an.

4 Die Klorolle auf den Biberkörper kleben, die Arme darüber ankleben. Dann alle restlichen Körperteile aufkleben. Mit Permanentmarker kannst du noch Details auf Hände, Füße, Schwanz und Ohren aufzeichnen.

5 Befülle die Klorolle mit einem kleinen Geschenk oder einer lieben Botschaft und knote das Krepppapier mit Satinband zu.

FÜR SUPERGIRLS UND ECHTE HELDEN

1 Für zwei Armbänder eine Klorolle mit einer Schere quer halbieren und die beiden kurzen Röhren aufschneiden, damit sie sich um den Arm legen lassen.

2 Bemale die kurzen Röhren beidseitig mit Acrylfarbe und lasse sie gut trocknen.

3 Für das Supergirl-Armband mit Blume schneidest du aus Fotokarton zwei große Kreise nach Vorlage aus. Die kleinen Kreise stanzt du am besten mit einem Kreis-Ausstanzer aus.

Klebe dann die beiden großen Kreise aufeinander, einen kleinen Kreis mittig drauf und danach die Blütenblätter ringsherum. Die Blume auf das Armband kleben.

4 Für das Helden-Armband mit Blitz schneidest du aus Fotokarton einen Kreis und einen Blitz nach Vorlage aus und klebst die beiden Teile übereinander. Auf das Armband aufkleben.

MATERIAL

- 3 Klorollen
- Acrylfarbe in Hellgrün, Türkis, Rosa, Orange
- Fotokarton in Gelb, Blau, Grün, Rosa, Hellgelb, Pink, Hellrot, A6
- Kreis-Ausstanzer, ø 1,5 cm
- Klebestift
- Bastelkleber

Vorlagen siehe Seite 138

ZUCKERSÜSS VERPACKT

MATERIAL

für das Körbchen

- Klorolle
- 15 Bastelhölzer, 1 cm x 12 cm
- Acrylfarbe in Hellblau, Blau
- Satinband in Mint, 1 cm x 30 cm
- Bastelkleber

für die Katzen-Schachtel

- Klorolle alternativ Küchenpapierrolle
- Acrylfarbe in Hellgelb, Rosa
- Fotokarton in Hellblau, Rosa, Pink, Schwarz
- Fineliner in Schwarz
- Bastelkleber

Vorlagen siehe Seite 126

1 Für das Körbchen schneidest du ein Drittel einer Klorolle quer ab. Aus dem Klorollenrest einen 1 cm x 10 cm breiten Streifen herausschneiden und als Griff mit Bastelkleber von innen oben in die Klorolle einkleben.

Mit einer Schere die Bastelhölzer auf 8 cm Länge kürzen. Klebe sie dann rings um die Klorolle herum und bemale das Körbchen mit Acrylfarbe. Trocknen lassen, dann als Verzierung ein Satinband darum knoten.

2 Für eine Katzen-Schachtel eine Klorolle oder eine Küchenpapierrolle mit Acrylfarbe bemalen und trocknen lassen. Schneide dann aus Fotokarton Ohren, Nase Bauch und Augen nach Vorlage aus.

Drücke die Rolle an den Enden platt und knicke einen etwa 2 cm breiten Streifen um. Dann drückst du sie wieder zusammen und stülpst die Flächen zwischen den Faltkanten nach innen um, sodass die Schachtel verschlossen ist.

Klebe nun noch die Details auf und zeichne mit einem Fineliner Mund und Barthaare auf.

PARTYKRACHER

1 Für die Mini-Piñata eine Klorolle mit Klebestift auf Fotokarton kleben und den Karton rundherum passend abschneiden. Aus einer weiteren Klorolle einen 1 cm x 10 cm langen Streifen herausschneiden und als Aufhängung rechts und links in die Piñata-Öffnung einkleben.

Schneide dann von jeder Farbe Krepppapier einen 2,5 cm breiten Streifen ab, breite die Streifen vor dir aus und schneide über die ganze Länge im Abstand von 5 mm ca. 2 cm tief Fransen ein.

Die Fransenstreifen übereinander an die Klorolle ankleben.

Mit Heißkleber am Boden der Piñata das Satinband ankleben (lass dir dabei von einem Erwachsenen helfen!), die Piñata z.B. mit Bonbons befüllen und aufhängen.

2 Für das Knallbonbon ein rotes Papier mit Klebestift an eine Klorolle kleben, überstehende Reste abschneiden.

Das Papier in Pink der Länge nach falten, die Klorolle mittig darauflegen und mit einem Bleistift die Länge der Klorolle auf dem Papier anzeichnen. Schneide dazwischen drei halbe Herzen nach Vorlage aus dem gefalteten pinkfarbenen Papier. Dann faltest du das Papier wieder auf und legst es um die Klorolle.

Befüllen, z.B. mit Konfetti oder Süßigkeiten, und die Papierenden mit einer Baumwollschnur zuknoten.

MATERIAL

für die Mini-Piñata

- 4 Klorollen
- Fotokarton, Farbe nach Wahl
- Krepppapierrollen in Grün, Hellblau, Rosa, Apricot, Orange, Gelb
- Satinband, 0,7 cm x 40 cm
- Klebestift
- Heißkleber
- Schere

für das Knallbonbon

- Klorolle
- Papier in Rot, Pink, A4
- Baumwollschnur, 50 cm lang
- Klebestift
- Schere
- Bleistift

Vorlagen siehe Seite 136

HUT AB!

MATERIAL

für den Zylinder

- Klorolle
- Versandkarton, A5
- Acrylfarbe in Schwarz
- Gummifaden in Schwarz, ø 1 mm, 30 cm lang
- Prickelnadel
- Schere, spitz
- Bastelkleber

für das Krönchen

- Klorolle
- Acrylfarbe in Gelb
- 2 Gummifäden in Weiß, ø 1 mm, 30 cm lang
- Prickelnadel
- Schere, spitz

Vorlagen siehe Seite 138

1 Für den Zylinder von einer Klorolle einen 5 cm breiten Ring abschneiden. Aus Versandkarton die Kreise nach Vorlage ausschneiden. Achte darauf, dass der kleinere Kreis den gleichen Durchmesser hat wie deine Klorolle.

Den kleinen Kreis mit Bastelkleber auf ein Ende des Klorollenrings kleben, den größeren Kreis auf das andere Ende.

Den Zylinder mit Acrylfarbe bemalen und trocknen lassen. Mit Hilfe einer Prickelnadel in den großen Kreis neben der Klorolle zwei sich gegenüberliegende Löcher einstechen und einen schwarzen Gummifaden durchziehen. Die Größe nach Bedarf anpassen und den Faden am Zylinder festknoten.

2 Für ein Krönchen aus Versandkarton die Form mit den Zacken nach Vorlage mit einer spitzen Schere ausschneiden. Mit Acrylfarbe bemalen und trocknen lassen.

Mit einer Prickelnadel seitlich zwei Löcher durchstechen und einen weißen Gummifaden durchziehen. Die Länge nach Bedarf anpassen und den Faden an der Krone festknoten.

WAS PIEPT DENN DA?

MATERIAL

- 3 Klorollen
- Acrylfarbe in Pink, Hellblau, Blau
- Moosgummi in Grün, Mint, Braun
- Moosgummirest in Gelb, Rot, Rosa
- Permanentmarker in Weiß, Schwarz
- 3 Holzperlen in Natur, ø 12 mm
- Baumwollschnur, ca. 30 cm lang
- 2 Bastelhölzer, 11,5 cm x 1 cm
- Schere, spitz
- Alleskleber

Vorlagen siehe Seite 139

1 Schneide für das Fenster ein ca. 3 cm x 3 cm großes Quadrat in die untere Hälfte der Klorolle, mache dabei aber nur einen Schlitz oben und einen unten und einen mittig senkrecht: Das Papier soll nach rechts und nach links weggeklappt werden können, damit es aussieht wie Fensterläden.

2 Die Klorolle mit Acrylfarbe bemalen, trocknen lassen und aus Moosgummi das halbrunde Dachelement nach Vorlage ausschneiden.

3 Fädle eine Perle auf eine Baumwollschnur und klebe die Schnur mittig in deinem Halbkreis aus Moosgummi an. Forme den Halbkreis so zu einem Kegel, dass die Perle über der Spitze herauskommt, und klebe die überlappenden Flächen mit Alleskleber zusammen. Dann das Dach auf die Klorolle kleben.

4 Schneide aus Moosgummi einen Vogel und Blätter nach Vorlage aus und male ihnen mit Permanentmarkern Augen auf.

5 Halbiere ein Bastelholz mit einer Schere, klebe Blätter und Vogel darauf und klebe dann das Bastelholz wie eine Stange in das Fenster in deiner Klorolle.

FREUNDSCHAFTS-KETTEN

MATERIAL

- Klorolle
- Acrylfarbe in Pink, Rot, Rosa
- Lochzange
- Holzperlen in Pink, Holz, Weiß, Rosa, Gelb, ø 7 mm und ø 10 mm
- Nylonschnur in Pink, 50 cm lang
- Bastelkleber

Vorlagen siehe Seite 138

1 Schneide von einer Klorolle einen ca. 2 cm breiten Ring und eine Aufhängung nach Vorlage ab.

2 Bohre mit einer Lochzange ein Loch durch die Aufhängung. Drücke den Ring platt und stülpe auf einer Seite die Faltkante nach innen, um eine Herzform zu erhalten. An der Faltkante von oben die Aufhängung mit Bastelkleber ankleben. Mit einer Wäscheklammer fixieren, bis der Bastelkleber getrocknet ist.

3 Jetzt kannst du den Herzanhänger mit Acrylfarbe bemalen und trocknen lassen. Ziehe eine Nylonschnur durch das Loch in der Aufhängung, fädle von jedem Ende der Schnur aus drei Holzperlen auf und verknote die Enden der Schnur.

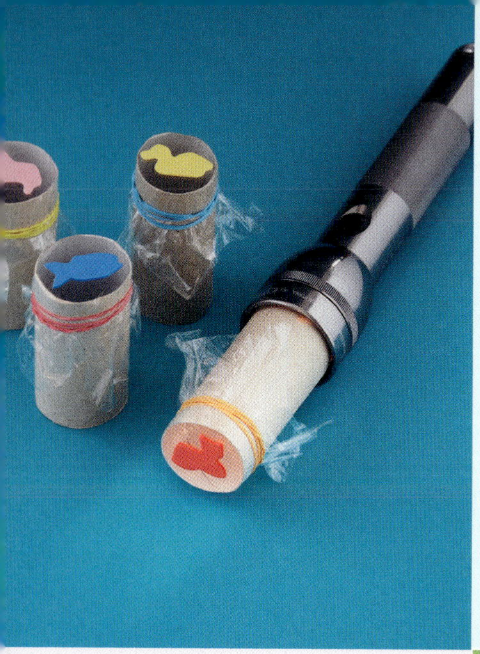

SPANNENDE TÜFTELEIEN UND EXPERIMENTE

RUDI, DER ROBOTER

MATERIAL

- 2 Klorollen
- Wattekugel, ø 40 mm
- 2 Wattekugeln, ø 35 mm
- Acrylfarbe in Blau, Rot
- Permanentmarker in Schwarz
- Holzwäscheklammer
- Papierstrohhalm
- Drehmotor, 1,5 V
- Kippschalter, zweipolig
- Batteriebox, 2x Mignon (AA)
- Masking Tape
- Heißkleber

1 Heute brauchst du einen erwachsenen Assistenten. Die beiden Klorollen mit blauer Acrylfarbe, die große Wattekugel mit roter Acrylfarbe bemalen und trocknen lassen. Mit einem schwarzen Permanentmarker malst du Pupillen auf die beiden kleineren Wattekugeln. Dann klebst du das Augenpaar und die Nase mit Heißkleber zusammen.

2 Jetzt geht es an die Technik. Verbinde mit Drähten den Drehmotor mit Schalter und Batteriefach. (s. Abbildung). Achte dabei darauf, dass der Schalter auf „aus" steht.

3 Jetzt klebst du mit Heißkleber zuerst den Motor oben zwischen die beiden Klorollen und zwar so, dass er mit seinem Drehmoment ca. 1,5 cm über die Klorollen hinausragt.

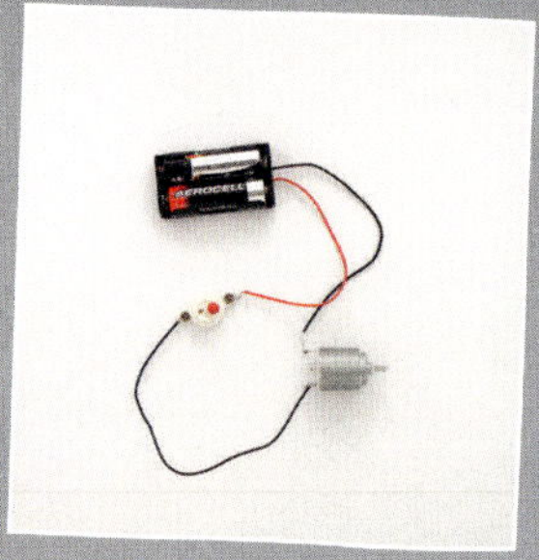

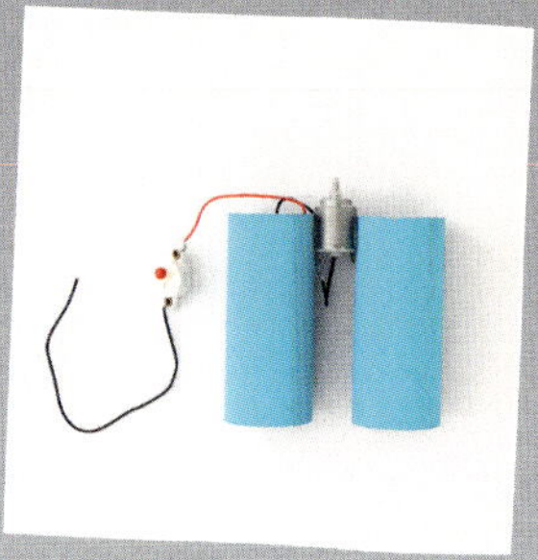

4 Als Nächstes klebst du das Batteriefach innen in eine der Klorollen. Alle überstehenden Kabel und den Schalter lässt du nach hinten herausragen. Bündle sie und klebe sie mit einem Streifen Masking Tape hinten an einer der Klorollen fest. Das Wattekugel-Gesicht klebst du mit Heißkleber auf der Vorderseite fest.

5 Jetzt braucht dein Roboter noch einen Antrieb. Klebe den Papierstrohhalm vorne in die kreisförmige Öffnung deiner Wäscheklammer. Gib etwas Heißkleber auf den Pin vom Drehmotor und stecke die Wäscheklammer mit dem kleinen Loch in der Mitte dort hinein.

6 Wenn der Kleber ausgehärtet ist, stellst den Roboter auf eine glatte Fläche (Tischplatte oder Fußboden). Dann kannst du den Schalter umlegen und so deinen Roboter anschalten. Na, wackelt er davon?

KOTZ-MONSTERCHEN

MATERIAL

- 4 Klorollen
- Knete
- Schere, spitz
- Wackelaugen, ø 4x 0,5 cm, 3x 1 cm, 1x 2 cm
- 8 Päckchen Brausepulver, bunt
- Saft von 1 Zitrone
- 100 ml Wasser
- Klebestift

1 Schneide mit einer spitzen Schere einen Mund in die Klorolle. Dann klebst du die Augen auf.

Die Klorolle auf eine wasserdichte Unterlage stellen, z.B. auf einen großen Teller.

2 Fixiere die Rolle mit etwas Knete am Teller, damit sie nicht umkippt.

3 Jetzt füllst du zwei Päckchen Brausepulver in die Rolle und mischst in einer kleinen Kanne etwas Zitronensaft mit ein wenig Wasser.

4 Dann kann der Spaß beginnen: Schütte mit der Kanne nach und nach Zitronenwasser in die Klorolle – und lass dich überraschen!

SCHAUM-SCHLANGEN-ZAUBER

MATERIAL

für die Schaumschlangenrollen

- 2 Klorollen
- 2 Kindersocken
- 2 Haushaltsgummis
- 200 ml Wasser
- 2 EL Spülmittel

für die Leucht-Projektoren

- 4 Klorollen
- Frischhaltefolie
- 4 Haushaltsgummis
- Moosgummireste in Gelb, Rosa, Blau, Rot
- Plätzchenausstecher in Tierform
- Taschenlampe
- Klebestift

...UND LEUCHTSIGNALE

1 Für eine Schaumschlangenrolle schneidest du mit einer Schere von der Fußspitze einer Kindersocke ca. 7 cm ab. Stülpe das Sockenstück über eine Klorolle und fixiere es mit einem Haushaltsgummi, das du mehrfach darum wickelst.

Etwas Wasser und Spülmittel in ein Schälchen geben, das Sockenstück eintauchen und durch die Öffnung am anderen Ende in die Rolle pusten!

2 Für einen Leucht-Projektor einen Plätzchenausstecher auf einen Moosgummirest drücken und die Umrisse der Figur ausschneiden. Ein Ende der Klorolle mit Frischhaltefolie abdecken und ein Haushaltsgummi darum wickeln, damit es nicht verrutscht. Mit Klebestift das Moosgummi-Tier vorne auf die Folie kleben.

Wenn du jetzt im Dunkeln mit einer Taschenlampe durch die Klorolle leuchtest, kannst du dein Tier an die Wand projizieren!

KNALLBUNTE KREIDE

MATERIAL

- 5 Klorollen
- Acrylfarbe in Gelb, Orange, Pink, Grün, Blau
- 500 g Modelliergips
- Gewebeklebeband

1 Verrühre den Gips nach Packungsanleitung mit Wasser zu einer klumpenfreien Masse, füge eine gute Portion Acrylfarbe hinzu und verrühre alles gut.

2 Eine Seite einer Klorolle mit Gewebeklebeband zukleben, dann die Rolle mit dem farbigen Gips befüllen. Die Masse in der Rolle leicht antrocknen lassen, bis sie fester, aber noch ein wenig feucht ist, dann die Rolle davon abziehen. (Solange der Gips noch ein wenig feucht ist, geht das am einfachsten. Und Reste lassen sich prima mit den Fingern abrubbeln.)

3 Deine selbstgemachte Straßenkreide jetzt mindestens einen Tag durchtrocknen lassen, dann damit losmalen!

FUNKELNDES KALEIDOSKOP

MATERIAL

- 2 Klorollen
- Spiegelkarton, A4
- Overheadfolie, A4
- Fotokarton in Weiß, A5
- 2 Papierstrohhalme
- Masking Tape
- Acrylstifte in verschiedenen Farben
- Acrylfarbe in Rosa, Mint
- Cutter
- Lineal
- Klebefilm
- Bastelkleber
- Schere, spitz

Vorlagen siehe Seite 139

1 Bemale eine Klorolle mit Acrylfarbe und lass sie trocknen. Schneide aus Fotokarton einen Kreis mit einem kleinen Kreis in der Mitte nach Vorlage aus. Den Kreis mit Bastelkleber auf ein Ende der Klorolle kleben.

2 Schneide ein 9,5 cm x 10,5 cm großes Stück Spiegelkarton zurecht. Lege es quer vor dich und ritze es mithilfe von Cuttermesser und Lineal im Abstand von 3,5 cm leicht ein. Dabei nicht zu fest drücken: Du willst die Linien nur leicht einprägen, nicht einschneiden.

3 Falte den Karton nun mit der Spiegelseite nach innen zu einem Dreieck zusammen und klebe es mit Klebeband zusammen. Stelle das Dreieck aufrecht in die Klorolle.

4 Dann aus Overheadfolie zwei Kreise nach Vorlage ausschneiden und mit einer spitzen Schere in die Mitte jedes Kreises ein Loch bohren. Auf einen der Kreise mit Acrylstiften Muster aufmalen – je bunter, desto besser wird der Effekt!

5 Halbiere den Papierstrohhalm und klebe eine Hälfte mit Masking Tape so am Kaleidoskop fest, dass sie zu einem Drittel übersteht. Jetzt legst du den bemalten Folienkreis auf den unbemalten und steckst beide zusammen auf den Strohhalm.

6 Wenn du nun am Kreis drehst, siehst du durch das kleine Loch die tollsten Muster!

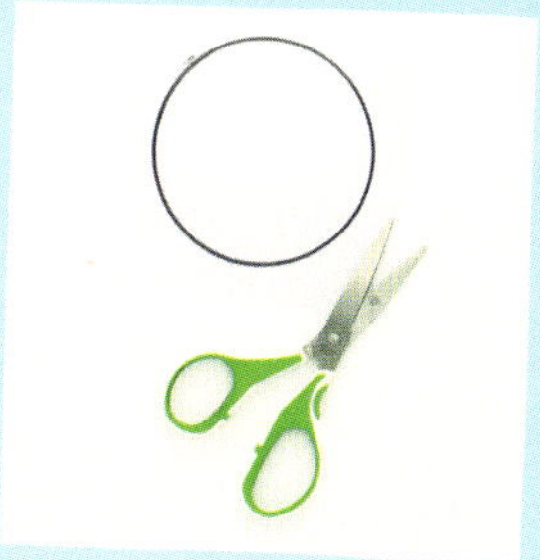

ACHTUNG, VULKANAUSBRUCH!

MATERIAL

- Klorolle
- Pappteller, ø 20 cm
- Alufolie
- Acrylfarbe in Rot (optional)
- 3 Pck. Backpulver
- Pck. Lebensmittelfarbe in Rot
- 125 ml Wasser
- 2 EL Essig
- etwas Spülmittel
- Tablett, wasserdicht
- Bastelkleber

1 Klebe die Klorolle mit Bastelkleber mittig auf den Pappteller.

2 Lege zwei Stücke Alufolie so darüber, dass Teller und Klorolle bedeckt sind. Drücke die Folie an den Rändern um den Teller herum fest. Dann stichst du mit der Schere über der Klorollenöffnung ein Loch ein für den Vulkankrater und drückst die Alufolie in die Öffnung hinein.

3 Wenn du magst, kannst du den Kraterrand mit Acrylfarbe bemalen.

4 Für den ultimativen Vulkanausbruch gibst du zuerst Backpulver in den Vulkankrater. Vermische dann in einem Glas Wasser, Essig und Lebensmittelfarbe und gib einen Spritzer Spülmittel dazu.

Stelle deinen Vulkan auf ein wasserdichtes Tablett und schütte mit einem Esslöffel nach und nach Essigwasser in den Krater – Achtung, er bricht aus!

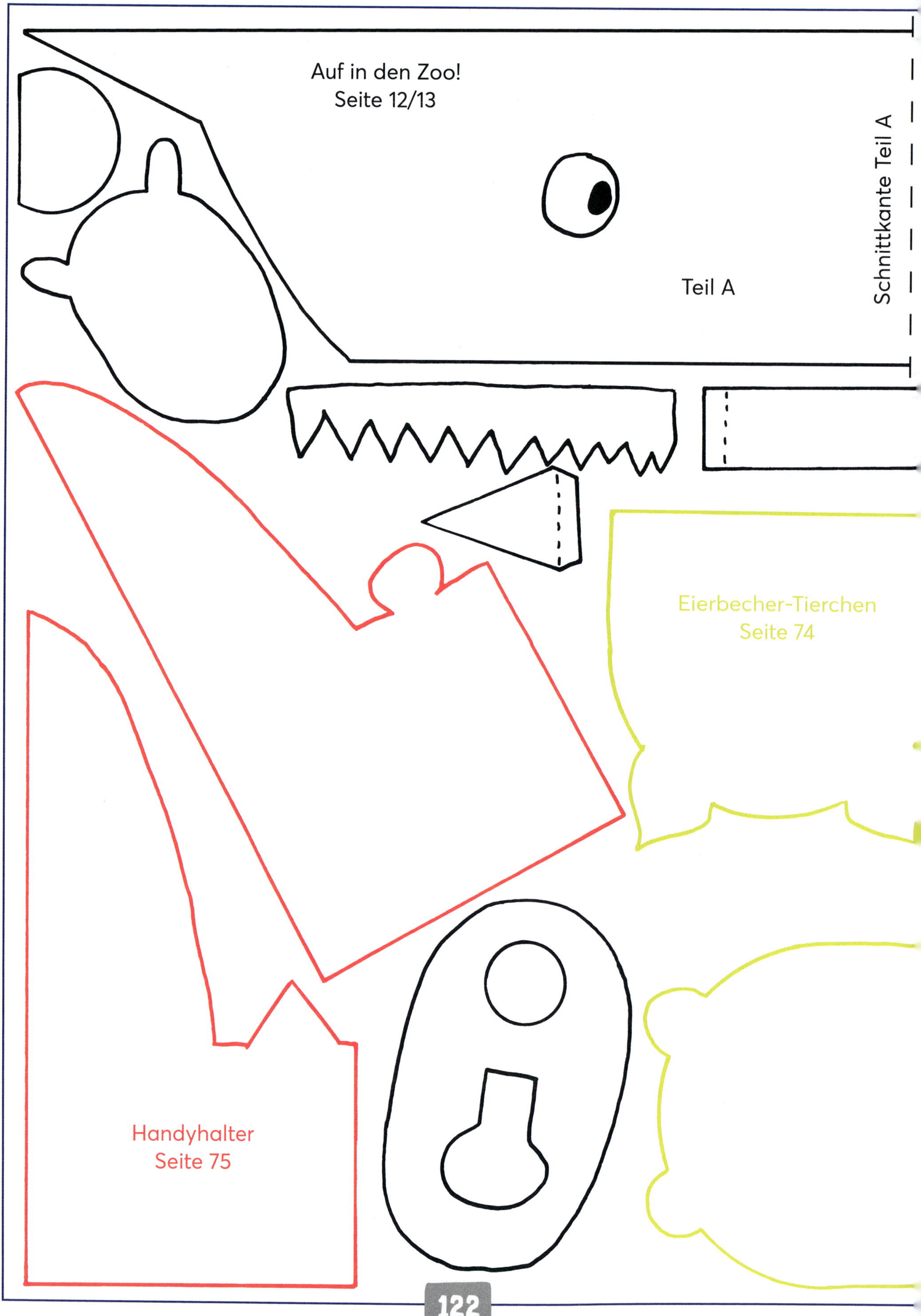
Auf in den Zoo!
Seite 12/13
Teil A
Schnittkante Teil A
Eierbecher-Tierchen
Seite 74
Handyhalter
Seite 75

Teil B
Süße Spar-
schweinchen
Seite 84/85

Die Wald-Bande
Seite 14/15

Familie Pinguin
Seite 16/17
Elefant
Koala
Hund
Schwein
Laß die Puppen
tanzen!
Seite 66/67
Lama
Pferd
Lamas mögen's bunt
Seite 18/19

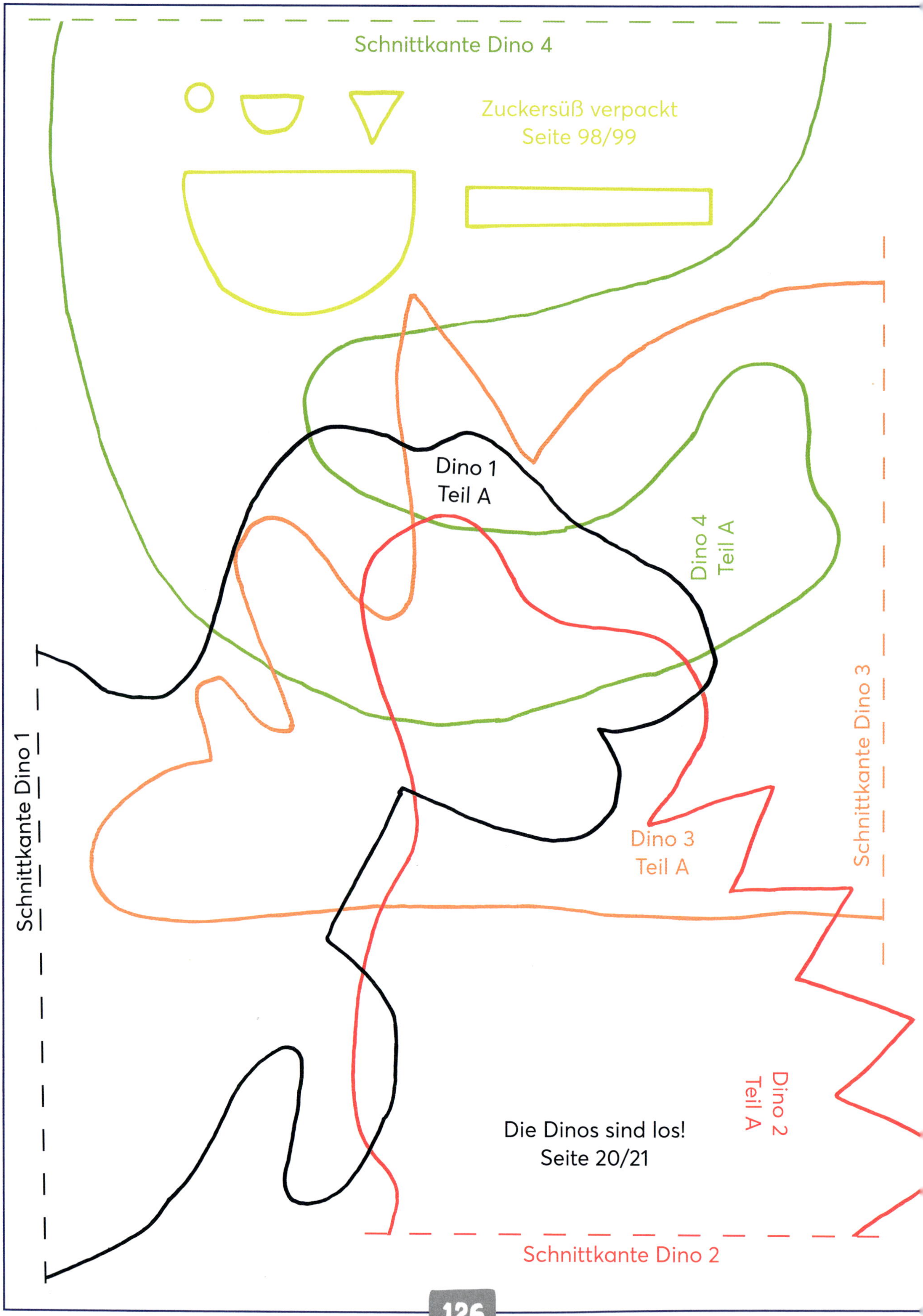
Schnittkante Dino 4
Zuckersüß verpackt
Seite 98/99
Dino 1
Teil A
Dino 4
Teil A
Schnittkante Dino 3
Schnittkante Dino 1
Dino 3
Teil A
Dino 2
Teil A
Die Dinos sind los!
Seite 20/21
Schnittkante Dino 2

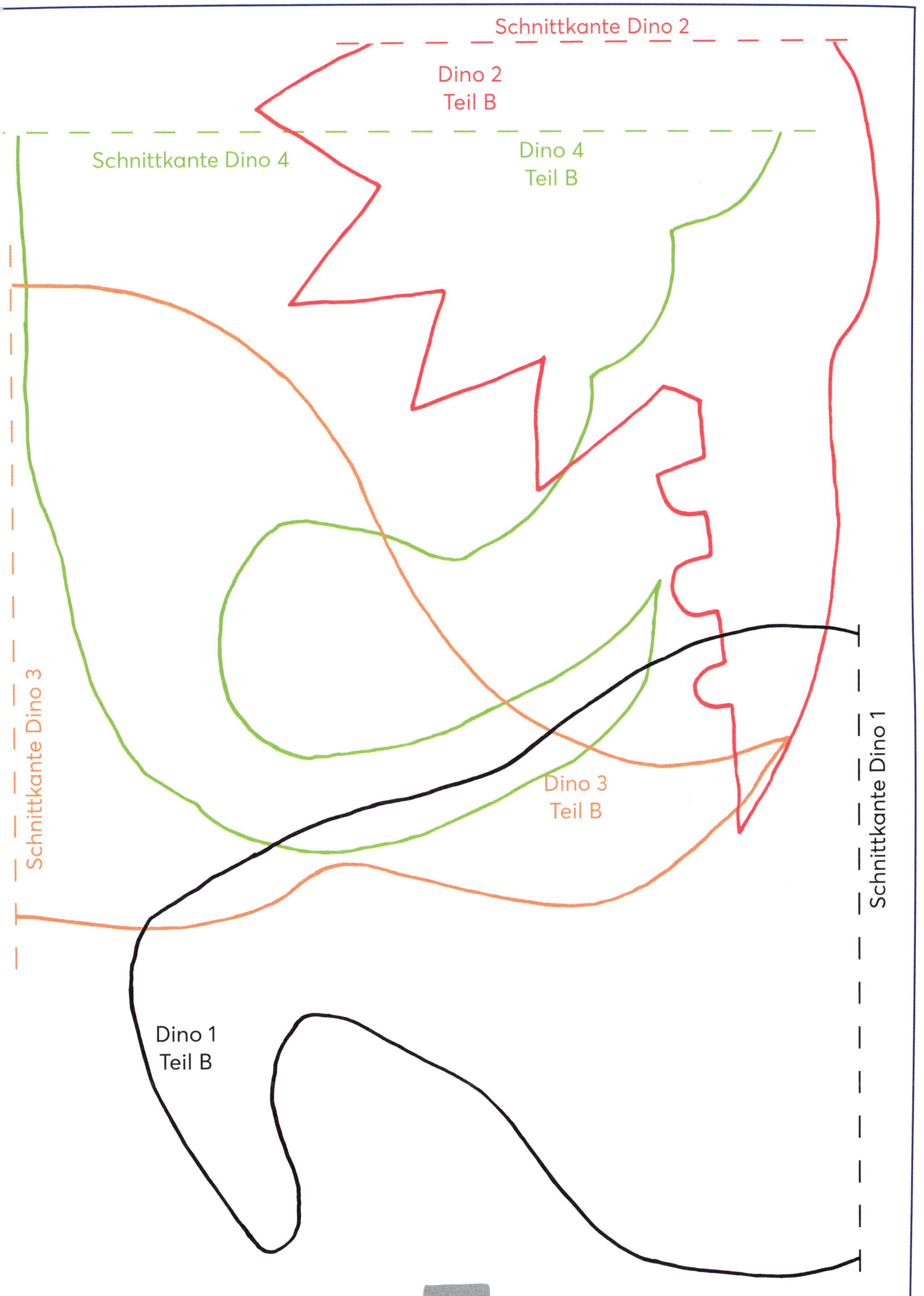
Schnittkante Dino 2
Dino 2
Teil B
Schnittkante Dino 4
Dino 4
Teil B
Schnittkante Dino 3
Dino 3
Teil B
Schnittkante Dino 1
Dino 1
Teil B

Pirat Pit und Paule Papagei
Seite 22/23

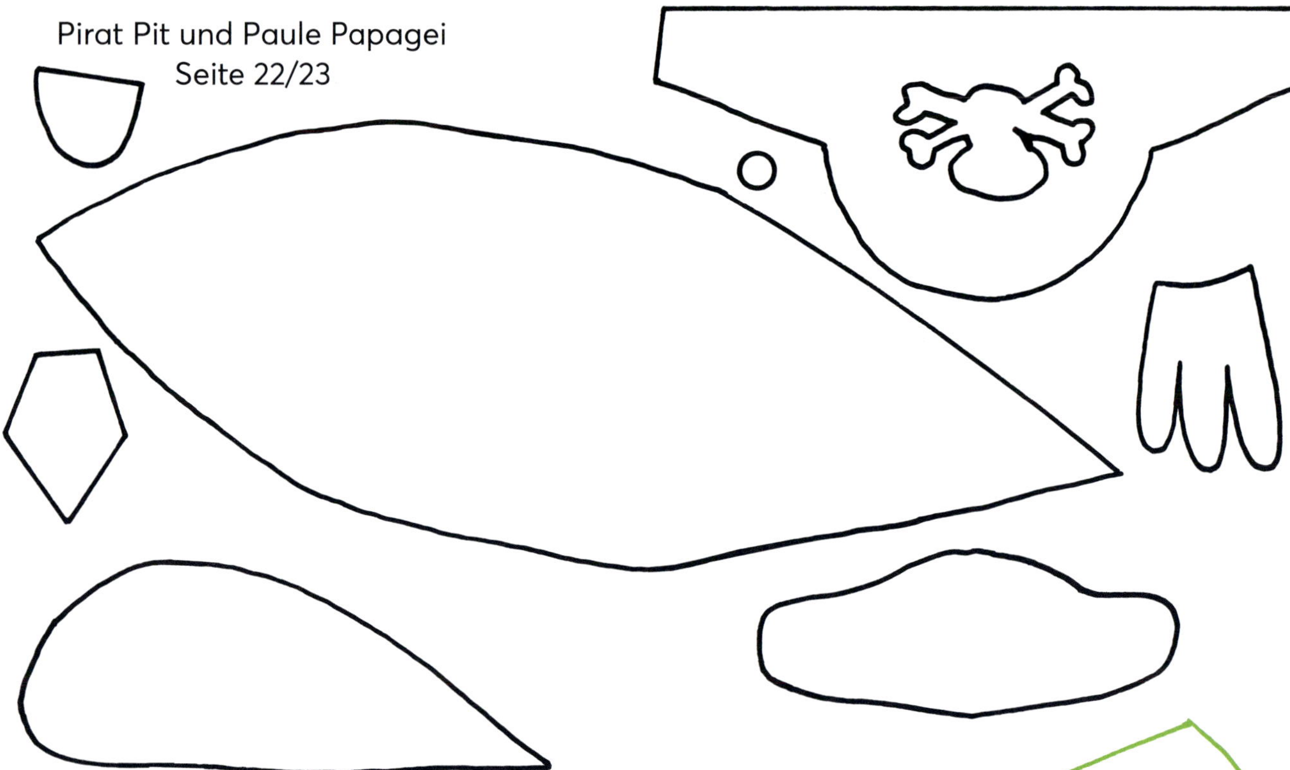

Die Welt ist bunt
Seite 28/29

Im Zwergenland
Seite 24/25
Schmetterlingsschwarm
Seite 26/27
Flowerpower
Seite 92/93

Prinzessin, Ritter, Fee und Meerjungfrau
Seite 30/31

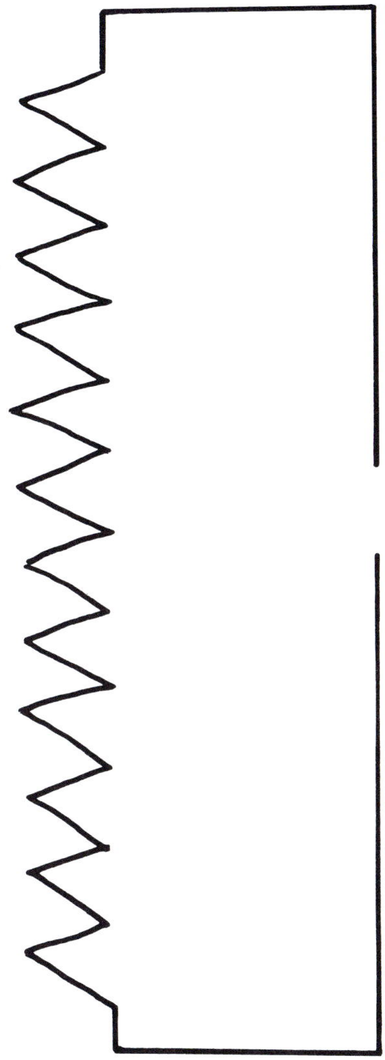

Murmelmonster
Seite 61

Geheimnisvolle
Unterwasserwelt
Seite 34/35

Flatternde Windspiele
Seite 36/37

Fang das Ei!
Seite 54/55

Weltraumabenteuer
Seite 44/45

Poppsternchen
Seite 70/71

Gassi gehen mit
Dieter Dackel
Seite 42/43
Starker Frontlad
Seite 56/57
Traumschloss
Seite 40/41

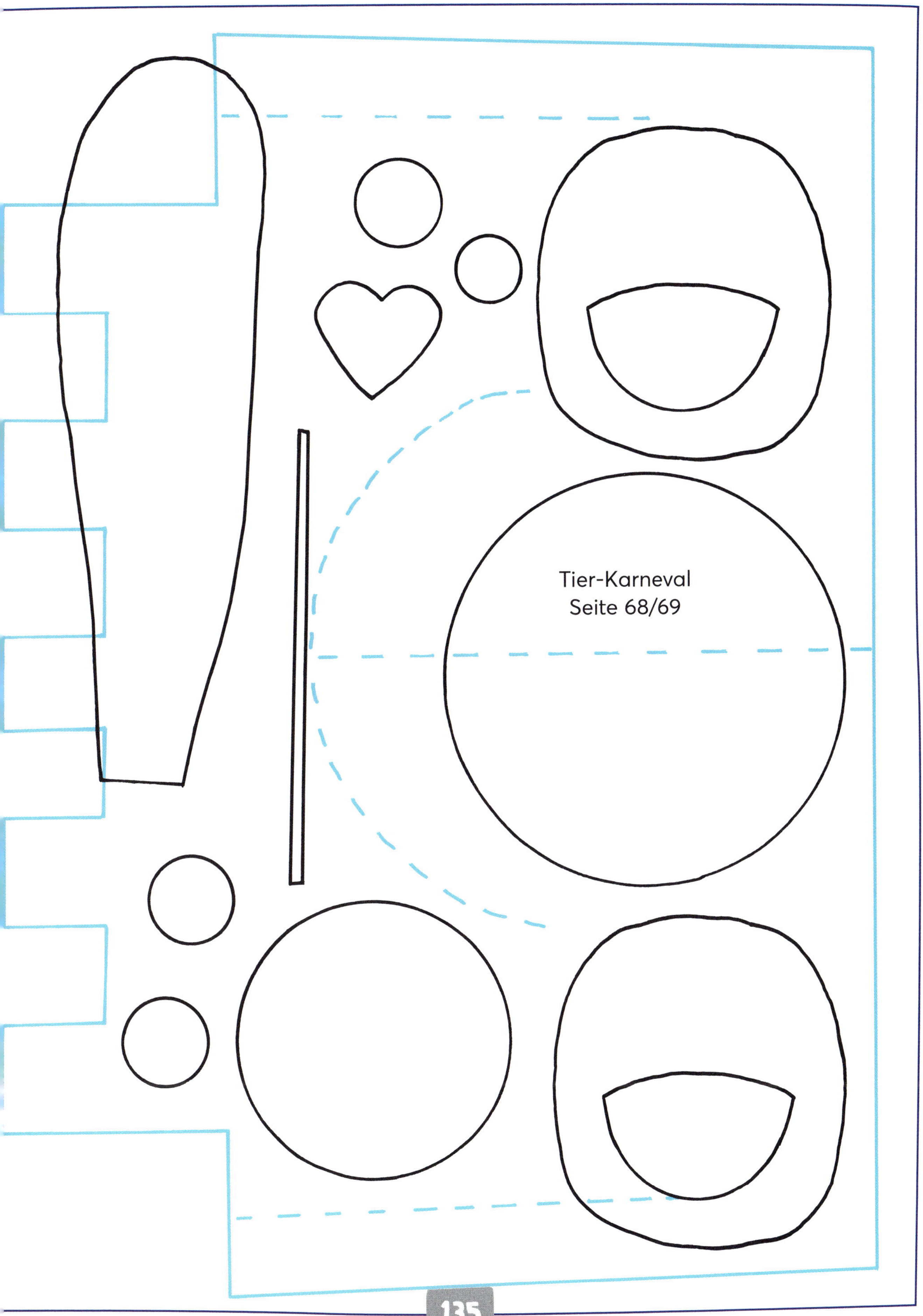
Tier-Karneval
Seite 68/69

Gib Gas!
Seite 48/49

Partykracher
Seite 100/101

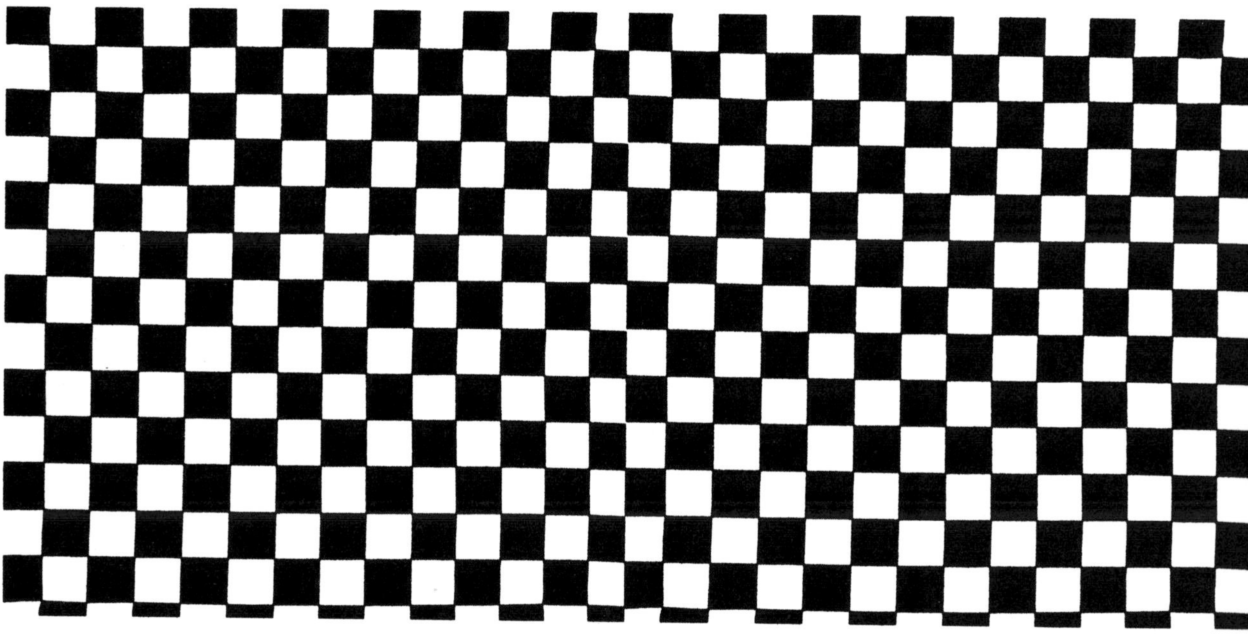

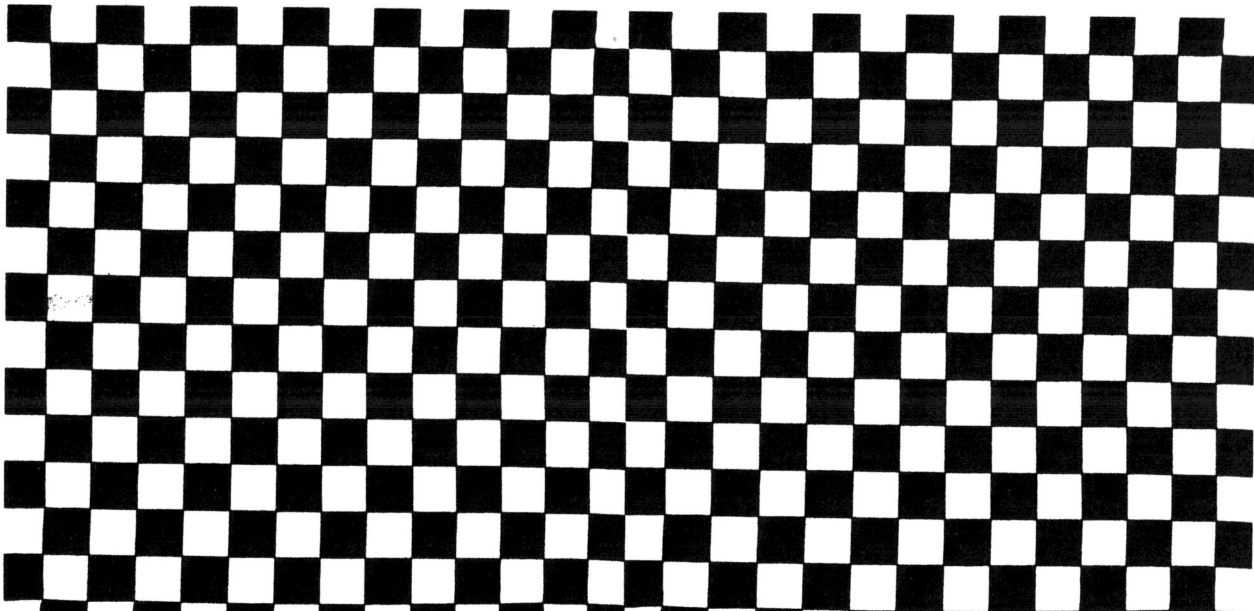

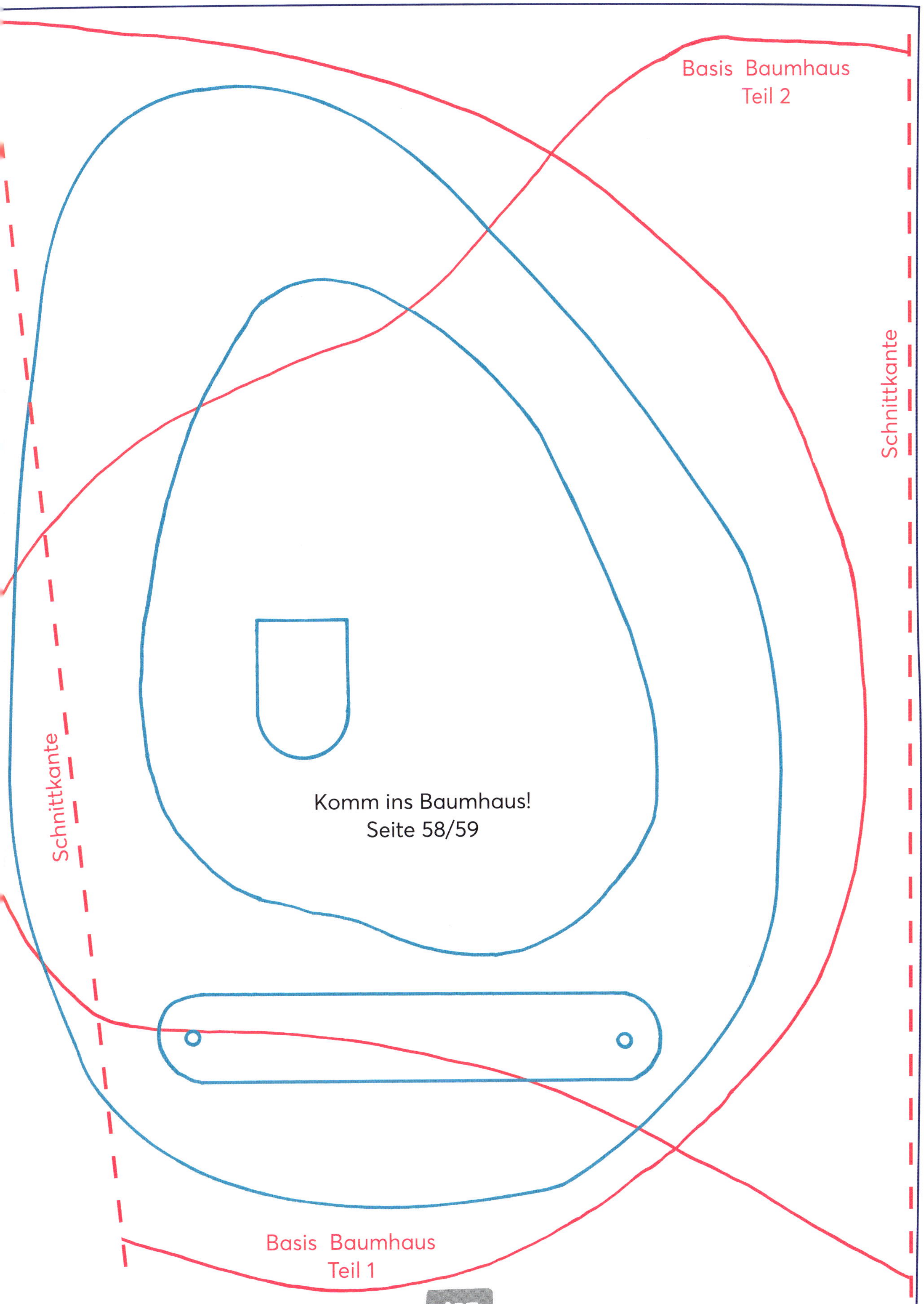
Basis Baumhaus
Teil 2
Schnittkante
Schnittkante
Komm ins Baumhaus!
Seite 58/59
Basis Baumhaus
Teil 1

Biber mit Herz
Seite 94/95

Freundschaftskette
Seite 106/107

Hut ab!
Seite 102/103

Für Supergirls
und echte Helden
Seite 96/97

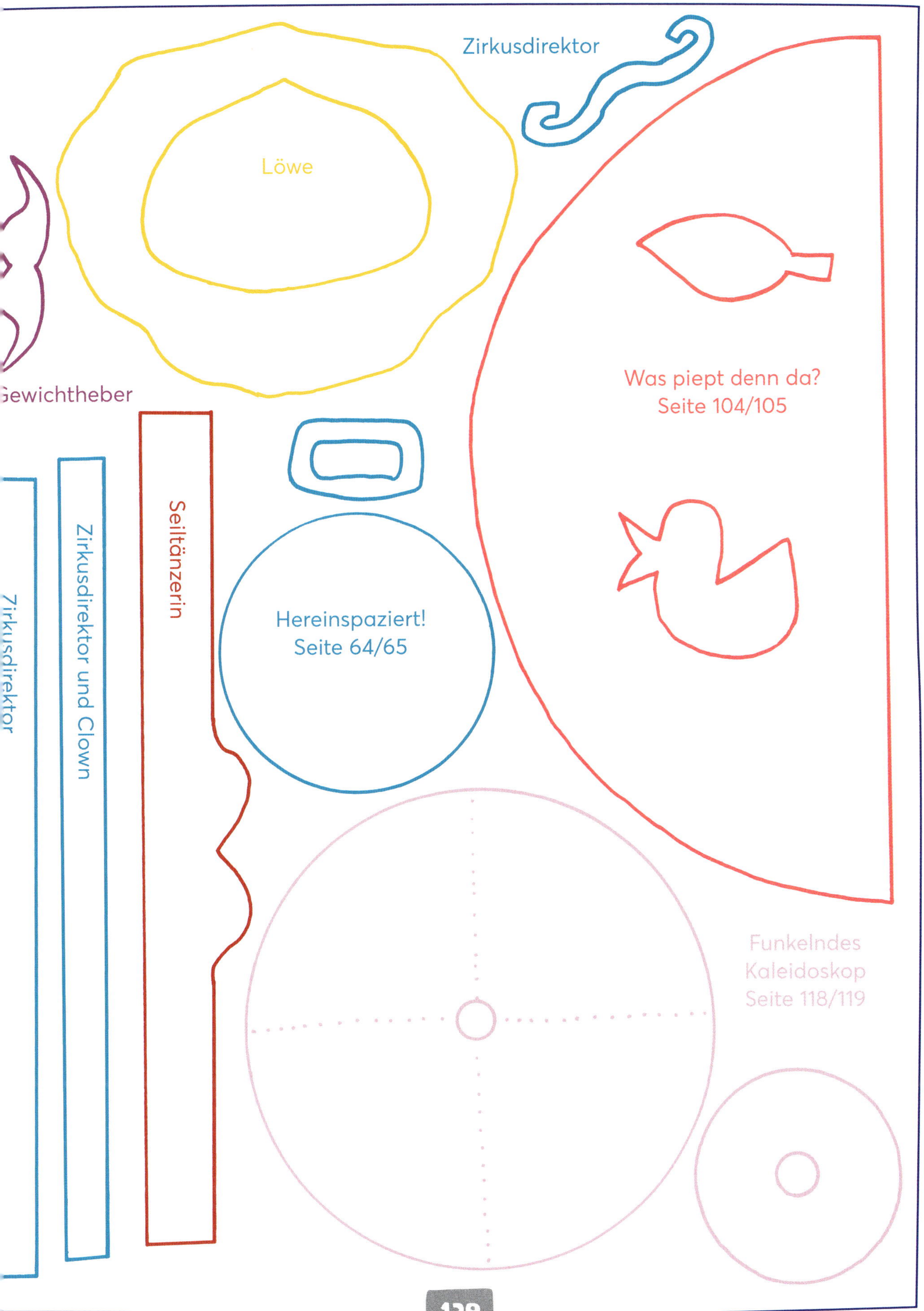
Zirkusdirektor
Löwe
Gewichtheber
Was piept denn da?
Seite 104/105
Seiltänzerin
Zirkusdirektor und Clown
Zirkusdirektor
Hereinspaziert!
Seite 64/65
Funkelndes
Kaleidoskop
Seite 118/119

BUCHEMPFEHLUNGEN FÜR DICH

ISBN 978-3-7724-4650-4

ISBN 978-3-7358-9171-6

ISBN 978-3-7358-9041-2

ISBN 978-3-7358-9164-8

ISBN 978-3-7358-9169-3

ISBN 978-3-7724-4955-0

ISBN 978-3-7724-4980-2

ISBN 978-3-7358-9115-0

ISBN 978-3-7724-8460-5

ISBN 978-3-7358-9059-7

ISBN 978-3-7358-9070-2

ISBN 978-3-7358-9035-1

ISBN 978-3-7724-4958-1

ISBN 978-3-7358-9104-4

ISBN 978-3-7358-9095-5

ISBN 978-3-7358-9052-8

VIELE WEITERE KREATIV-BÜCHER FINDEST DU AUF WWW.TOPP-KREATIV.DE

#TOPPPROJEKT

Die eigene Kreativität zeigen: TOPPprojekt mit anderen Kreativen teilen und Teil der Gemeinschaft werden.

DIY-begeistert und auf Instagram? Dann unbedingt mitmachen! Hier gibt's Tipps und Feedback zu den eigenen Projekten. Außerdem verlosen wir jeden Monat ein Überraschungspaket. Um am Gewinnspiel teilzunehmen, einfach ein Bild vom Kreativ-Projekt aus unseren Büchern mit #TOPPprojekt posten und unserem Account @frechverlag folgen. Mehr Infos auf TOPP-kreativ.de/TOPPprojekt

Website
Auf TOPP-kreativ.de können Sie ein riesiges Angebot von über 1.000 Kreativbüchern, Sets & mehr entdecken.

Newsletter
Gleich anmelden unter: TOPP-kreativ.de/newsletter und immer als Erstes von unseren Neuheiten und Sonderaktionen erfahren.

Instagram
@frechverlag

Pinterest
pinterest.com/frechverlag

Facebook
facebook.com/frechverlag

DigiBib
Hier finden Sie zusätzlich zu vielen unserer Bücher digitale Extras, wie Video-Tutorials, Plotter-Dateien, Vorlagen, Übungsblätter & vieles mehr. Einfach im Impressum Ihres TOPP-Buchs den Freischalte-Code nachschlagen und exklusive Inhalte freischalten. TOPP-kreativ.de/digibib

Youtube
youtube.com/frechverlag

Wer wir sind, wie wir arbeiten, was wir lieben …

Auf Instagram, Facebook und Pinterest finden Sie mehr über uns und unsere Arbeit und werden immer schnell und einfach mit den neuesten Infos versorgt.

Alle News, alle Infos und alle Links finden Sie auf www.TOPP-kreativ.de

Pia Deges hat Film- und Fernsehwissenschaften studiert und lange als TV-Redakteurin gearbeitet. Seit einigen Jahren lebt sie ihre Leidenschaft für Food-, DIY- und Gartenthemen als Autorin aus. Sie liebt es durch die Welt zu reisen und fremde Länder zu entdecken, mag Sommerabende, Flohmarkt-Gestöber und vor allem den Duft von frisch gebackenem Kuchen.

Unser Service für Sie: Wenn Sie Fragen zu den Anleitungen in diesem Buch haben, wenden Sie sich einfach an unseren Kreativservice: hilfe@frechverlag.de oder 0711 / 123 757 20. Wir helfen Ihnen gerne weiter.

Die Redaktion dankt der Firma Clairefontaine Frankreich für die Bereitstellung zahlreicher Fotohintergründe (Clairefontaine-Papiere) und Herrn Heinz Werner Kordes für die herzliche Zusammenarbeit. Ein liebes Dankeschön auch an die Firmen Rico Design (Paderborn), Rayher (Laupheim) und UHU (Bühl/Baden) für die großzügige Unterstützung mit Bastelmaterial.

Danke an mein persönliches Klorollen-Kommando: Angela, Anke, Nina, Olli und Petra – ohne euer Sammelfieber in Sachen Klorollen wäre dieses Buch nicht zustande gekommen. Ihr seid großartig! Und auch in dickes Dankeschön an Michael für die schönen Fotos.

Modelle und Schrittfotos: Pia Deges
Fotos: frechverlag GmbH, Gerlingen; www.freepik.com (Seite 9, Zitrone), alle übrigen lichtpunkt, Michael Ruder, Stuttgart
Produktmanagement: Anja Klett
Lektorat: Stephanie Iber, Wietzen
Covergestaltung: Eva Grimme
Herstellung und Layout: Jessica Siebert
Satz: Die Buchmacher, Köln
Druck: Neografia, Slowakei

MIX
Papier | Fördert gute Waldnutzung
FSC www.fsc.org FSC® C020353

Penguin Random House Verlagsgruppe
FSC® N001967

5. Auflage 2025

produktsicherheit@frechverlag.de
ISBN: 978-3-7724-4391-6 Best.-Nr. 4391